KB097934

'팬덤 정치'라는 낙인

'팬덤 정치'라는 낙인

문재인 지지자, 그들은 누구인가

조은혜 지음

오월의봄

여는 글

이 책은 열아홉 번째로 한국에서 대통령[1]이 됐던 문재인, 그가 아닌 그를 지지했던 시민들을 중요하게 살펴본다. 대통령이 되기 전부터 신드롬 현상의 주인공으로 회자됐고, 대통령이 되어서는 취임 초와 임기 말에 가장 높은 국정 지지도를 받았던 문재인 대통령. 그를 과연 누가, 왜 그토록 지지했는가? 이 책은 연구를 바탕으로 쓴 분석서로, 그동안 제대로 알려지지 않은 여러 흥미로운 사실을 전달한다. 지지자들이 문재인 대통령을 절대적으로 지지한다는 것은 어떤 의미인가? 이들이 제도 정치에 영향을 미치는데도 실체가 없다고 일컬어진 이유는 무엇인가? 이들은 어떻게 정치 과정에 참여했는가? 그리고 왜 일부는 문재인 대통령을 지켜야 한다면서 차기 대통령으로 더불어민주당 소속 후보를 선택하지 않았는가? 이 책의 마지막 장을 덮었을 때 앞선 여러 질문에 대한 답은 퍼즐처럼 맞춰질 것이다. 유효한 정치 현안을 분석하고 어렵지 않게 쓴 글을 찾고 있다면 기꺼이 이 책을 추천한다.

그간 한국사회에는 정치인의 권력에 정당성을 부여하는 시민으로 지지자들을 인식하는 관점이 거의 부재하다시피 했다. 더욱이 문재인 대통령을 지지하는 시민들은 사회적으로 많은 관심을 받은 것에 비해 충분히 조망되지 못했다. 그들을 향한 부정 혹은 긍정으로 양분된 평가는 흔히 발견되지만, 정작 그들이 존재하는 사회구조와 정치 참여에 대한 이해는 많은 부분 공백의 영역으로 남겨졌다. 그러나 시민들의 정치 참여를 행위자의 의도와 사회적 맥락을 고려하여 보다 거시적이고 역사적인 관점에서 읽을 필요가 있다. 이 책은 그 공백을 메우려는 시도로서, 문재인 대통령 지지자들에 대한 낙인화와 신비화를 모두 지양하는 한편 그들을 중심으로 현대사회의 시민 정치 참여 양상을 분석한다. 그리고 그 끝은 다수의 언론과 정치인의 입을 통해 유통됐던 무분별하고 무책임한 정치 담론의 실태 고발로 연결된다.

아마도 이 책은 '팬덤 정치' 현상을 전면적으로 다루는 동시에 기존 '팬덤 정치' 담론의 전복을 주장하는 최초의 책일 것이다. 새로운 양상의 시민 정치를 설명하는 개념으로 쓰이는 '팬덤 정치'라는 용어는 자명한 사실처럼 여겨지지만 제대로 정립되거나 분석된 적이 없다. 그럼에도 오늘날 이 용어는 왜 자명한 사실처럼 다뤄지는가? 단언컨대 그동안 제기되지 않았던 이 물음을 던질 때에야 비로소 시민들의 정치 참여를 제대로 읽어낼 수 있다고 본다. 필자는 이 책에 '팬덤 정치'의 기원을 추적한 내용을 담아내는 한편, '팬덤 정치' 담론을 버리고 어떻게 새로운 형태의 시민 정치 현상을 읽을 수 있을지 보이고자 했다. 필자가 도출한 개념이자 해당 현상을 풀어내는 열쇳말은 '인물 지지 정치'다. 특정한 인물을 지지하는 시민들의 행위는 단순한 선거 투표로 그치기보다 사회 변화를 추진하는 하나의 방법으로서 유지되고 있다는 것을 밝힐 것이다.

시민들은 어떤 정치권력을 원하는가? 왜 특정한 방식으로 정치인 개인을 열렬히 지지하는가? 정치인 지지 과정에서 다른 인물과 쟁투를 벌이는 이유는 무엇인가? 이러한 현상 전반을 우리는 어떻게 해석해야 하는가? 이 책은 그 물음에 충실히 답하고자 한다. 이 책이 제안하는 바는 '인물 지지 정치' 현상을 어떻게 평가할 것인가와 무관하게 과거와 다른 방식으로 시민 참여가 전개되고 있음을 이해할 필요가 있다는 것이다. 시민들의 정치 참여 양상은 사회, 정치, 경제, 문화 등의 구조가 변동하는 과정에서 달라진다. '민주주의 위기'를 둘러싼 논의가 시대적 질문으로 반복되는 상황에서 현대사회의 시민 정치 참여를 이해하려는 시도는 매우 중요하다. 시민들의 정치 참여에 관한 논쟁은 시민들의 확대되는 영향력을 인정하는 것에서 시작하며, 이는 결국 시민들의 의사 결정 권한을 얼마나 혹은 어떻게 허용할 것인가라는 주제로 이어진다.

민주주의 사회에서 시민의 참여는 필수적이며, 시민의 의사를 무시하는 민주주의 체제는 결코 지속될 수 없다. 물론 시민 참여의 영향력이 확대된다고 할 때, 우려되는 지점 역시 고려하지 않을 수 없다. 그것이 반드시 긍정적으로만 작용한다고 단언할 수 없기 때문이다. 실제로 일부 시민들의 공격적이거나 배제적인 참여 방식도 존재하기에 비판 없는 옹호는 위험하다. 그러나 극단의 사례를 과잉 대표해 시민 참여 자체를 문제 삼는 것은 또 다른 문제다. 시민들의 참여 행동만을 문제 삼는 것은 의도와 상관없이 시민들의 사회참여 가능성을 억압하거나 그런 억압을 정당화하는 결과를 초래할 수 있다. 상식과 비상식, 합리와 비합리, 도덕과 비도덕의 경계를 넘나드는 문제는 모든 사람 또는 집단이 겪는 근본적인 문제임을 상기할 필요가 있다. 건강한 참여 문화를 축적하기 위해서라도 섣부르게 판단하기 전에 충분한 이해를 도모해야 한다.

이 책은 질적 연구Qualitative Research를 수행하고 그 결과를 정리한 논문[2]을 저본으로 한다. '질적' 연구는 '양적' 연구와 다른 방법론적 기준을 갖는다. 논문의 주요한 정보를 간략히 언급하면, 조지프 맥스웰Joseph Maxwell[3]의 상호작용적 모형을 준거로 연구를 설계했으며, 주요한 자료 수집 방법으로 심층 면접 기법을 사용했다. 그리고 자발성과 익명성을 토대로 13명의 적극적인 문재인 대통령 지지자를 연구참여자로 선정했다. 문재인 대통령 팬카페에서 총 4명을, 문재인 대통령 지지 성향으로 유명하고 문재인 정부 임기 중 사회참여에 동참한 여러 네트워크에서 총 6명을 선정했다. 또한 네트워크와 무관하게 연구 과정에서 중요한 행위자로 파악한 3명을 추가로 섭외했다. 이들은 모두 해당 연구를 통해 필자와 최초로 관계 맺은 사람들이다. 이 지면을 빌려 모든 연구참여자에게 깊은 감사 인사를 드린다.

연구참여자 기초 정보[4]

참여자	성별	연령	거주지	출신지	면접 횟수
가	남성	50대	서울	양산	3회
나	여성	40대	인천	부산	1회
다	여성	20대	성남	성남	2회
라	여성	30대	부산	부산	2회
마	여성	30대	서울	인천	3회
바	여성	30대	서울	속초	1회
사	여성	30대	서울	서울	1회
아	여성	40대	서울	창원	2회
자	여성	50대	성남	서울	1회
차	여성	30대	서울	서울	2회
카	남성	40대	서울	서울	3회
파	남성	40대	용인	서울	2회
타	남성	40대	안산	부산	1회

필자가 논문을 발행한 시기는 2022년 2월로, 문재인 대통령이 퇴임하기 전이었다. 하지만 이 책에는 문재인 대통령이 퇴임한 이후에 해당하는 내용도 담았다. 논문과 크게 달라진 내용은 없지만 구성과 체계 등을 전부 다시 손봤고, 이 과정에서 내

용 전반을 보완하고 다듬었다. 또한 논문에 연구 과정에서 수집한 심층 면접 내용을 상당히 많이 수록했다면, 책에는 면접 내용을 따로 인용하기보다 글에 녹여냈다. 대신 그들의 언어를 궁금해할 독자를 위해 별도로 부록에 수록했다. 이 책은 총 여섯 개의 장으로 이루어지며, 각 장은 구별되면서도 유기적으로 연결된다. 1장에서 시민 정치의 토대와 주요한 개념을 살피고, 2장부터 5장까지 다양한 각도로 시민들의 사회참여 양상을 고찰한다. 그리고 마지막 6장에서 모든 논의를 종합하고 글을 맺는다. 따라서 책을 처음 읽는 독자에게는 첫 장부터 순서대로 읽어보기를 권한다. 덧붙여, 이 책은 도전적 성과물로서 시민 정치를 논하는 장場의 귀결점이 아닌 시작점에 위치하는 구성물임을 밝힌다. 이 책을 통해 시민 정치에 관한 논의가 부디 생산적인 방향으로 전환되길 바란다.

차례

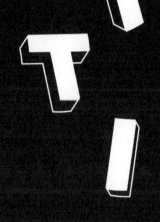

1장

논의를 위한 지도

（1）

정치 불신과 시민 참여

1960년대부터 이어진 주요 정치사회적 흐름

1960년대에 포착된 두 가지 주요한 현상이 있다. 그중 하나는 자유주의 물결과 탈물질주의 가치관이 확산되며 사회 전반에 실재하는 권위의 합법성이 도전받은 흐름이다.[1] 이는 사회운동 social movement의 등장과도 연결되는데, 사회운동은 여러 사람이 사회 개혁을 목표로 집합행동을 하는 것을 말한다. 또 다른 현상은 정치 불신political distrust의 심화이다. 정치 불신은 "정치 체제에 대한 부정적이고 평가적인 정량 내지 판단"[2]을 의미한다. 정당 체제의 민의 왜곡 증가, 부정 선거의 출현, 사회·경제문제 해결에 무능한 정부, 부정적 견해의 언론 보도 확대 등이 정치 불신의 주된 원인으로 지적됐다.[3]

오늘날 많은 국가에서 가중되고 있는 정치 불신은 정부 견제에 필요한 요소이자 자연스러운 정치 문화로 여겨지기도 한다. 하지만 시민들의 민주주의 신뢰도와 연동되는 평가라는 점에서 단순한 감정이 아닌 중요한 지표이기에 눈여겨봐야 한다. 더욱이 현재 세계 정치 지형은 경기 침체와 불평등 확대, 극단주의 부상 등으로 요동치고 있다. 또한 선거 투표율 저하, 정당 가입률 하락, 정치적 양극화 심화 등이 곳곳에서 발견되면서 '민주주의 위기' 논쟁이 벌어지고 있는데, 이는 비단 최근의 일만은 아니다.

민주주의를 구체적으로 정의하고 측정하는 방식은 각 사회와 시대마다 다르다. 그러나 다양한 민주주의의 개념을 관통하는 공통의 핵심은 시민들의 뜻과 의견이 사회의 법과 정책에 반영되도록 제도적 원리와 장치를 두는 것이다. 특히 대의제 민주주의에서 정치권력의 정당성은 사회구성원이자 피통치자인 시민의 선거 투표를 통해 확보되는 만큼 시민의 목소리를 수렴하고 이를 체제의 원리로 보장하는 것이 중요하다.

민주주의를 '살아 있는 정치적 이념'으로 표현한 마이클 사워드Michael Saward는 조지프 슘페터Joseph Schumpeter가 1940년대에 썼던 글에서 가정한 '경쟁적 엘리트'라는 전제가 그동안 형태와 강조점이 달라졌을 뿐 거대한 민주주의 서사에서 힘을 잃지 않았음을 드러냈다. 그리고 특히 참여주의·마르크스주의·여성주의 서사들이 경쟁적 엘리트라는 전제에 저항하며 이의를 제기해왔음을 환기했다.[4]

1970년대 이후로 세계 정치 체제는 권위주의가 약화하는 반면 민주주의가 증가하는 경향을 보였다. 그러나 그 이면에서는 민주주의 원리를 악용해 민주주의 가치를 훼손하는 역사적 사례가 늘어갔다. 2000년대 이후 '민주주의의 질quality of democracy'이라는 개념이 학계에서 많은 관심을 받은 데는 이런 배경이 있다. 이 개념에는 민주주의의 이름으로 민주주의를 부식시키는 경향이 현대사회에서 두드러지고 있으며, 따라서 정치 체제를 민주주의와 반민주주의로 구분하는 층위에서 더 나아가 민주주의의 질을 비판적으로 검토하고 개선해야 한다는 문제의식이 담겨 있다.[5] 오늘날 민주주의란 완결되는 과제가 아니며, 누적되는 구조적 문제와 새로운 형태의 도전에 맞서 끊임없이 실현되어야 한다는 의미에서 "영구한 '민주주의의 민주화'"[6]가 강조되고 있다.

한편으로 시민의 주된 정치 참여 방식은 1960년대 이후로 변화해왔다. 1960년대까지 시민의 주된 정치 참여 방식은 선거 투표와 정당 참여 정도였다. 그러나 그 이후부터는 이런 방식 이외에 집회와 시위, 불매 운동, 저항 행동 등 엘리트 중심의 지배 형태에 도전하는 정치 행위가 증가했다.[7] 1980년대와 1990년대를 지나면서는 운동 주체와 조직화가 확대되며 정치 부문에서 사회운동과 사회 변동이라는 주제가 중요하게 다뤄졌다. 그리고 사회운동의 새로운 주체들이 새로운 정치의 주체가 되는[8] "정치의 새로운 패러다임"[9]이 부상했다.

1990년대에 데이비드 마이어David Meyer와 시드니 태로우 Sidney Tarrow는 사회운동을 포함해 시민 집단행동의 규모와 빈도가 증가하고 그 제도적 영향력이 크게 확장하는 시대가 도래했음에 주목하며 이를 "사회운동의 사회Social Movement Society"로 명명했다.[10] 또한 1990년대 전후로 인터넷이 보급되며 많은 국가가 정보 사회와 네트워크 사회로 이행했고, 그 영향을 받아 시민들의 정치 참여와 사회운동 방식이 이전과는 다른 방식으로 바뀌었다.[11]

등장 초기에 사회운동은 일탈적·감정적·비합리적 현상으로 인식됐고, 사회운동 참여자들은 구조 변동의 희생자처럼 여겨졌다(고전적 집합행위론). 그러나 이후 합리성 개념이 다뤄지며 이를 비판하는 패러다임이 정립됐다(자원동원론). 이 과정에서 사회운동이 단지 일탈적·감정적·비합리적인 현상이 아니라는 관점이 부상했고, 사회운동 참여자들은 전략에 따른 행동 수단을 이용하는 사람들로 새롭게 인식됐다. 반면 이런 관점은 합리성을 강조하면서 감정을 경시하고 미시적 동학과 내적 합리성 등을 간과한다는 비판을 받았다.

그 이후로도 새로운 유형의 시민 정치가 증가하고 집합행동과 사회운동이 일상화됐다. 이와 같은 현상을 설명하기 위해 학계에서도 여러 시도가 전개됐으며, 이러한 흐름은 최근까지 이어지고 있다. 특히 인터넷이 도입된 이후 온라인 행동주의가 등장하면서 사회운동 이론과 온라인 행동주의 분석의 연계 가능성, 그리고 사회운동에서 강조된 조직의 역할과 중요성 등이 다시 논의되고 있다. 물론 여기까지의 내용은 세계사적 흐름이라는 것을 염두에 둘 필요가 있다.

안타깝게도 한국에서 시민들의 정치 참여와 집합행동, 사회운동을 바라보는 주된 견해는 그것을 일탈적·감정적·비합리적으로 인식했던 사회운동 등장 초기의 관점에 머물러 있다. 심지어 통치 집단의 통제 가능한 범위에 놓인 대상으로 여기는 인식도 강하다. 헌법 제21조에 "모든 국민은 언론·출판의 자유와 집회·결사의 자유를 가진다"는 내용이 명시되어 있으나, 이 조항은 아직도 종종 무시되거나 오독되고 있으며, 시민의 집회·결사의 자유는 여전히 빈번하게 침해되고 있다. 그리고 그에 맞서는 시민들의 항거 행동은 꾸준히 있어왔다.

이러한 상황은 한국사회의 정치사는 물론 시민들의 저항운동사와 긴밀히 얽혀 있다. 시간의 축을 과거로 이동해 그 배경을 간략히 살펴보자. 1948년 한반도에서는 반대 여론에도 불구하고 남한 단독 총선거가 강행됐다. 그 결과 한국 정부가 수립되면서 초대 대통령으로 이승만이 선출됐다. 불행하게도 정당 질서는 미군정을 기준으로 개편됐고, 이승만 정부 때부터 금권선거가 자행됐다. 게다가 박정희 정부가 정치 결사 제한 체제를 도입함으로써 시민들은 집권 정당 이외의 다른 정당·노동조합·시민단체에 가입하거나 활동하는 것을 제약당했다.[12]

결국 한국에서 정당은 당원들의 자발적 조직화를 바탕으로 경쟁하지 못했고 국민 동원 조직으로 전락했다. 국민의 자발적 결사권은 국가 동원 의무로 대체되면서 심각하게 훼손됐으며, 시민들의 정당정치 불신은 깊어졌다.[13] 국가의 통제와 억압이 강했던 권위주의 시대에 시민들은 저항하고 쟁투하며 정당 민주화를 요구했다. 그리고 민주주의 체제 이행기 전후로 시민들

의 주권자 지위 회복 과정에서 사회운동의 역사가 축적됐다. 시
민들의 사회적·정치적 권리 향상과 정치 참여 방식은 사회의 권
력 구도와 연동해 변화하는 양상을 보였다.

인물 중심 정치와 인물 지지 정치

노사모, 시민 정치 전환의 시작

필자가 개념화한 '인물 지지 정치'는 사회 변화를 추진하기 위한 시민들의 새로운 참여 행동을 가리키며, 신뢰하는 행위자를 제도 정치 영역에 등장시키고 힘을 실어주려는 행위를 일컫는다. 특정한 정치인을 선출하거나 선출하지 않는 투표 행위에 그치지 않고, 시민들이 추구하는 사회적 가치를 실천할 수 있다고 믿는 정치인을 지지하는 정치 참여 형태라고 할 수 있다. 이것은 불신하는 사회 권력에 대한 저항 행동을 포함하며, 적극적인 쟁투 및 활동을 전개한다는 특징이 있다.

정당이나 정책보다 인물이 우선시되는 경향은 과거에도 존재했으며, '인물 중심 정치'라는 용어로 표현됐다. 이것은 정치의 개인화political personalization 현상과도 관련이 있다. 정치인의 외적인 이미지가 중요해지고, 정당보다 정치인이 주목받는 정치의 개인화 현상은 오래됐다. 오늘날 한국과 미국 등 대통령제를 시행하는 국가뿐 아니라 영국 등 의원내각제를 시행하는 국가에서도 이런 현상이 발견된다. 정당 불신과 정당 쇠퇴, 대중매체 및 미디어 발달이 그 주요 원인으로 지적된다.[14]

　　중요한 것은 '인물 중심 정치'와 '인물 지지 정치'를 구별하는 것이다. 인류 역사에서 특정한 인물은 어려운 정세를 돌파하거나 타개할 수 있는 희망으로 오랫동안 여겨졌다. 두 개념을 가르는 구별점은 정치인을 지지하는 시민 존재의 유무가 아니라, 시민에 대한 인식 변화와 정치 참여 방식의 차이에 있다. 시민들이 어떤 정치인을 지지하거나 지지하지 않는 것은 '인물 중심 정치'와 '인물 지지 정치' 양쪽에서 공통되게 발견된다. 그러나 '인물 중심 정치'에서 시민에게 지지받는 정치인이 강조된다면, '인물 지지 정치'에서는 정치인에게 권력을 부여하는 시민이 주요하게 부각된다. 시민들은 과거와 달리 주권자 의식이 강하며, 사명감과 책임감을 바탕으로 정치인을 적극적으로 지지하고, 다양한 방법을 활용해 사회에 참여한다.

　　현재 한국사회에서는 시민들의 사회 권력 불신과 개인 미디어 확산을 바탕으로 사회적 가치를 투영할 수 있는 인물에 대한 지지가 강화되고(제도 정치의 개인화), 개인의 원자화와 네트워크 일상화에 따른 개별 단위의 정치 행동이 전개되고 있다(시민 정치의 개인화). 이 두 가지 양상은 '인물 지지 정치' 현상으로 발현되며, '정치 행동의 개인화'로 요약할 수 있다. '인물 지지 정치'는 정치인 또는 지지자의 정치 이념이나 사회의 정치 체제와 무관하게 발견되며, 일시적이지 않고 동시대적인 현상이라는 점에서 더욱 중요하게 살펴야 한다.

'인물 중심 정치'에서 '인물 지지 정치'로의 변환 과정을 지난 역사를 통해 좀 더 들여다보자. 민주화가 선언됐던 1987년 이전까지 한국사회에서는 관권과 동원을 기반으로 한 선거 권위주의가 지배적이었다. 사회 변화를 향한 시민들의 역사적 갈망은 민주화운동 외에도 선거를 통한 최초의 정권 교체 요구로 드러났고, 이를 이루려는 정치인에 대한 지지로 이어졌다. 대표적으로 김영삼과 김대중, 두 정치인은 시민들의 열렬한 지지를 받으며 군사 정권의 탄압과 정치적 타살의 위협을 이겨냈다.

'김대중·김영삼·김종필'을 묶어 이른바 '3김 시대'로 칭했던 '보스 정치' 시절만 해도 시민들의 주된 정치 활동은 선거 투표나 청원서 서명, 정당 등에 소속되어 집회나 토론회에 참석하는 것 정도였다. 당시 정치인 혹은 정당 중심으로 결성된 수직적 형태의 정치적 사조직이 있었고, 시민들은 동원 대상에 가까웠다. 시민들의 정치인 지지 의사는 주로 정치인 유세 현장에서 가장 선명히 드러났다.

그러나 2000년에 '노사모', 즉 '노무현을 사랑하는 사람들의 모임'이 결성되면서 시민들의 정치인 지지 문화가 질적·양적으로 달라지기 시작한다. 노사모는 시민 동원 형태의 정당 혹은 정치인 주도 조직화라는 이전의 지배적 형태의 정치 문화와 구별된다.[15] 주체적이고 적극적으로 정치 참여를 시도하며 정치인을 매개로 다른 지지자들과 교류하고 연대하는 최초의 시민 결사체였던 것이다.

노무현은 1975년에 사법시험에 합격해 인권변호사로 활동하다가 1988년에 제13대 국회의원으로 당선됐다. 제13대 국회는 한국 최초의 '여소야대'(집권 여당보다 야당 소속 의원이 더 많은 국회) 구성이었고, 그제야 5공 비리 특별위원회가 설치됐다. 5공비리 청문회가 열렸을 때 초선 국회의원이었던 노무현은 크게 활약했다. 날카로운 질문으로 답변을 얻어내는 장면이 생중계되면서 이른바 '청문회 스타'로 떠올랐다. 그 이후 야권 통합 운동을 주도하다 1990년 1월에 단행된 3당(민주정의당, 통일민주당, 신민주공화당) 합당에 적극적으로 저항했다. 이 일로 노무현은 정치 개혁을 상징하는 정치인으로 다수의 시민에게 각인됐다.

노무현은 2000년 제16대 총선에서 지역주의 타파를 중요한 의제로 삼아 당선 가능성이 크게 점쳐진 서울 대신 부산에서 재출마했지만 낙선했다. 이때 그를 지지하던 시민들이 자발적으로 결집해 형성된 것이 노사모다.[16] 노사모에게 노무현은 '정치를 개혁하려는 인물이자 거의 유일하게 영남 패권주의에 정면 도전한 정치인'이었고, 노사모는 이런 '정치인 노무현을 도와 그 뜻을 함께 이루려는 사람들'의 조직이었다.[17]

노사모는 2000년 5월 7일에 대전에서 첫 모임(전국 준비모임)을 가졌다. 지역 갈등이 심한 한국에서 지리적으로나 상징적으로 중간을 의미하는 도시를 첫 모임 장소로 택한 것이다. 결성 초기부터 열띤 토론 주제였던 조직 이름을 전국 준비모임에서 정했는데, '정치인과 지지자 간 수평적 관계를 지향하며 노무현을 지지하는 사람들의 모임' 정도의 의미를 담아 '노무현을 사랑하는 사람들의 모임'으로 확정했다. 이로써 노사모라는 명칭이 쓰이기 시작했다.[18]

'자유로운 개인들의 느슨한 연대'를 추구했던 노사모는 노무현의 총선 낙선 54일 만인 2000년 6월 6일에 창립총회를 열었고, 별도로 운영 절차를 꾸려갔다.[19] 선거관리위원회를 구성하고 전자 투표를 진행해 전체 대표와 지역 대표를 선출했다. 지역별 오프라인 조직을 구성하고 온라인과 오프라인을 결합한 지지 활동 및 친목 모임을 추진하기도 했다.[20] 당시 정치 자금을 모으기 위해 노사모 회원들이 십시일반 채웠던 '희망돼지 저금통' 사례는 널리 알려져 있다.

단일하고 유례없는 사례로 역사에 남았을 수도 있었을 노사모가 '인물 중심 정치'에서 '인물 지지 정치'로 전환되는 분기점에 자리한 데는 그럴 만한 이유가 있었다. 노사모는 정치인 노무현이 제16대 대선 후보로 확정되어 대통령까지 당선되는 이변을 일으키는 데 한몫했다. 새천년민주당(더불어민주당 전신)에서 소수파로 당에서의 장악력이 약하고 호남에 지역적 연고가 없었던 노무현이 제16대 대통령에 당선된 것은 다수가 예측할 수 없었던 결과였다.

노사모가 영향력을 확대할 수 있었던 배경에는 세 가지 정치적 기회구조가 작용했다. 첫째, 인터넷 보급과 확산을 바탕으로 시민들이 새로운 형태의 정치 참여를 고안해 운영할 수 있었다. 사회 변화를 향한 욕구와 의지가 있었지만 기존 정당이나 운동의 방식에 회의적이었던 시민들에게 인터넷은 새로운 형태의 이색적인 조직을 형성할 수 있는 수단이자 결집하고 활동할 수 있는 공간으로 떠올랐다.

둘째, 제16대 대선을 앞두고 국민참여경선제라는 개방형 경선제가 시행됐다. 1997년 외환위기 이후로 선거를 통해 처음 정권이 교체됐고 시민들의 정당 민주화 요구가 잇따랐다. 새천년민주당(더불어민주당 전신)은 제16대 대선 후보를 선출하는 과정에서 그동안 당원들만 참여했던 전당대회 대신 모든 국민이 참여할 수 있는 국민참여경선제를 최초로 도입했다. 한나라당(국민의힘 전신)도 이 제도를 수용하면서 두 거대 양당은 공천권을 가진 당 지도부의 영향력을 약화시키는 한편 시민들에게 선거 후보 선출 권한을 일부 개방하기 시작했다.

밀실정치에 의한 줄 세우기 또는 대가성 공천 등 그동안 만연했던 제도 정치의 부정적 관행이 해소될 것인지에 대한 기대를 바탕으로 시민들의 정치 관심이 증가했다. 더욱이 인터넷의 영향으로 경선 연설회와 토론회 영상은 시민들에게 빠르게 전파됐다. 김대중이 대통령으로 당선됐던 1997년 제15대 대선 때부터 후보 간 대결이 격렬해졌는데,[21] 제16대 대선에서 노무현은 정당 밖에서 형성된 시민들의 지지를 기반으로 대통령 후보가 되었고, 결국 대통령으로 당선됐다. 그리고 이 과정에서 노사모의 존재감은 여실히 드러났다.

셋째, 인터넷 활용뿐 아니라 휴대용 전화기 보급 등으로 개개인이 빠르고 수월하게 정보를 공유할 수 있게 됐다. 시민들은 인터넷 공론장을 통해 정보 검증과 의견 수렴을 광범위하고 신속하게 진행했다. 무엇보다 거대 언론의 담론을 그대로 수용하기보다 사실 여부를 확인하고 여론을 재형성할 수 있었다. 노사모는 조선일보를 포함한 거대 언론의 편파·왜곡 보도에 대항하며 '안티조선운동'과 '절독운동'을 전개했다. 그리고 자발적이며 적극적인 활동으로 이슈 형성과 대응 과정에서 폭발적인 응집력과 파급력을 만들어냈다.

물론 거대 양당이 노사모의 활약을 환영했던 것은 아니다. 노무현 대선 후보의 대통령 당선으로 집권 여당이 된 새정치민주연합(더불어민주당 전신) 내부에서는 정당 민주화를 요구하는 노사모와 갈등하는 다수파 구성의 정치인들이 존재했다. 반면 야당이 된 한나라당(국민의힘 전신)이나 노사모와 대립했던 조선일보 등은 노사모의 부정적인 측면을 강조하며 강도 높은 비난을 이어갔다. '노무현 우상화 혹은 종교화' '정치 룸펜' 같은 수식어가 대표적이다.

그러나 노사모의 영향력은 통제되기보다 외부로 알려졌고, 수많은 '제2의 노사모' 혹은 '정치인 팬클럽'이 꾸려졌다. 가령 제19대 문재인 대통령이 당선되기 전 제16대~제18대 대통령에게도 '정치인 팬클럽'으로 불린 지지자 모임이 존재했다. 노무현 대통령의 '노사모', 이명박 대통령의 'MB연대', 박근혜 대통령의 '박사모'가 대표적이다. 즉 노사모 형태의 지지자 모임은 정치인과 지지자의 정치 이념과 무관하게 우후죽순 생겨났다.

노사모가 등장하고 활약한 시점을 전후해 정치인에 대한

시민들의 인식은 달라졌다. 이제 시민들은 스스로를 정치인에게 종속된 지지자가 아니라 정치인에게 권력을 부여하는 주권자로 자각한다. 또한 시민들은 스스로를 존경할 만한 정치인을 숭배하거나 정당에 동원되는 대상이 아니라, 자신이 추구하는 사회적 가치를 실현할 수 있는 정치인을 선택하고 선출하려는 적극적 행위자로 인식한다.

정리하자면, 정치인과 지지자 간 관계는 수평적으로 전환됐으며, 지지자들은 상호 간 교류와 연대를 구축할 수 있게 됐다. 2000년에 등장한 노사모가 1980년대 민주산악회(김영삼 대통령 지지자 모임) 및 새시대정치연합청년회(김대중 대통령 지지자 모임)와 구별되는 지점이다. 인터넷 도입과 정보통신 기술의 발달로 개방적이고 쌍방향적인 의사소통 구조가 가능해진 상황에서 시민들은 적극적인 참여 의지를 발휘하며 정보와 의견을 공유하고 다양한 정치 행동에 나섰던 것이다.

노사모의 활약 이후로 그와 유사한 지지자 모임이 많이 생겨났지만, 대개 "노사모의 아류나 그에 못 미치는 유사품에 불과"[22]하다는 평가를 받았다. 그러나 문재인 대통령을 지지하는 시민들에 대한 평가는 사뭇 달랐다. 이들은 또 다른 형태의 인물 지지 정치를 수행하며 제도 정치에 영향력을 행사함으로써 관심을 받았다.

'팬덤 정치'와 포퓰리즘

성역화된 개념의 문제들

문재인 대통령 지지자들을 관찰했던 지난 많은 연구는 문재인을 지지하는 시민들을 '비이성적 지지자'(부정) 혹은 '새로운 주권자'(긍정)라는 양분된 형태로 평가했다. 그러나 '팬덤 정치' 용어를 차용해 지지자들의 참여 형태를 파악한다는 점에서는 두 입장이 다르지 않았다. 기존 담론은 '팬덤 정치'라는 용어를 자명한 것처럼 쓰지만 문재인 대통령에 대한 지지 형태와 시민들의 참여 문화를 왜 '팬덤 정치'로 분석해야 하는지 단 한 번도 제대로 설명하지 못했다. 다시 말해, 이전의 담론에서 '팬덤 정치'는 정치 용어이자 분석 지표로서 전면적이고 비판적으로 검토되지 않았다.

'팬덤 정치'는 '팬덤'과 '정치'의 합성어이며, '팬덤'은 '팬fan'과 '덤dom'의 합성어이다. '팬'이란 주로 특정인에게 호감을 느끼는 사람 혹은 광적인 사람fanatic으로 해석되는데, 좁게는 그러한 의식 또는 행위자를, 넓게는 이를 아우르는 현상 자체를 지칭한다. 한편 '덤'은 영지 또는 나라를 뜻한다. 종합하면 '팬덤'은 주로 특정인을 좋아하는 사람('팬')들의 집합체를 말한다. 그리고 일반적으로 산업사회 이후에 등장해 인터넷 보급, 미디어 확산, 대중문화 경험과 긴밀한 연관을 맺으며 확대된 사회문화 현상으로 이해된다.[23]

'팬덤 정치'는 쉽게 말해 특정한 정치인을 지지하는 시민들의 참여 문화를 '정치 영역에서 전개되는 팬덤 문화'로 보는 개념이다. 연예인을 따르는 팬과 정치인을 지지하는 시민을 유사하게 인식하며, 열광적인 지지자뿐 아니라 그들의 지지 현상 또는 문화를 일컫는 광범위한 관점을 내포한다. 혹자는 '소비화'와 '우상화'를 강조하고, 혹자는 '맹목성'과 '배격성'을 부각한다.

한국 정치 담론에서 '팬덤 정치'는 극단주의로 분류되며,[24] 대개 부정적 의미로 통용된다. '팬덤 정치'를 '정치 팬덤'과 구별하는 사람도 있지만 두 개념은 모호하고 다양하게 쓰이는 만큼 현실에서 둘의 구분은 무의미하다. '팬덤 정치'와 '정치 팬덤'은 사실상 같은 현상이 담긴 용어로 뚜렷하게 구별되지 않는다. 이 책에서는 '팬덤 정치'로 통칭하고자 한다.

기존 연구는 주로 두 가지 관점에서 문재인 대통령 지지자들을 '팬덤 정치'로 해석했다. 그중 하나의 관점은 문재인 대통령 지지자가 곧 '팬덤 정치 행위자'인 것처럼 다룬다. 이것은 다시 지지자들을 단일한 구성원으로 보는 견해와 개별적인 행위자들로 보는 견해로 나눌 수 있다. 반면 또 다른 관점은 문재인 대통령 지지자들의 정치 참여 특성이 '팬덤 정치'인 것처럼, 그러니까 대중문화 팬덤의 특징을 기준으로 비교하며 서술한다. 이외에 '팬덤 정치'('문빠')와 시민 주권 활성화('문파')를 관념상 구분해 분석한 연구도 있었다.

학술 용어로 정립되지 않은 '팬덤 정치'가 언제부터 쓰였는지에 대해서는 연구자마다 의견이 다르지만 노사모의 등장으로 쓰이기 시작했다는 공통된 진술을 확인할 수 있다. 실제로 '팬덤 정치'는 노사모의 등장과 영향력에서 파생된 용어이다. 노사모가 결성되었으나 그 이름을 갖기 전, 노무현을 지지하던 시민들에게는 '노무현 팬클럽 임시 게시판'이 있었다. 외부에서 이것을 '노무현 팬클럽', 나아가 '정치인 팬클럽'으로 명명했다. 특히 언론은 노무현 대통령 지지자들의 참여 문화와 지지 활동을 '정치인에 대한 팬덤 현상'으로 보도하기 시작했다. 노사모는 '팬덤 정치'에 대한 여론의 관심이 본격화되는 계기가 됐다.[25]

그러나 당시 노무현을 지지하고 노사모로 활동했던 시민들이 초기 활동 약 한 달 동안, 그러니까 노사모라는 이름을 확정하기 전에 '노무현 팬클럽 임시 게시판'으로 온라인 공간을 명명했던 것은 자신들을 기존의 정치 조직과 구별하기 위해서였다. 노무현이라는 정치인을 지지하며 사회 변화를 추구하는 정치 참여를 합의하는 과정에서 노무현을 좋아하는 사람이라면 누구나 부담 없이 가입하고 활동할 수 있는 모임임을 강조하기 위해 '팬클럽'이라는 명칭을 썼던 것이다.[26] 하지만 이 사실이 상대적으로 덜 알려지거나 간과되면서 이들은 대중문화 영역에서 일반적으로 통용되는 '연예인 팬클럽'처럼 다뤄졌다. 노사모라는 이름이 정해진 후로도 이들은 '정치인 팬클럽'으로 명명됐고, 여전히 '팬덤 정치' 현상의 최초 사례로 읽히고 있다.

그러나 '팬덤 정치'라는 용어에는 여러 문제점이 있다. 첫째, 당연하게 수용되는 것에 비해 제대로 정의되지 않고 있다. 즉 화자에 따라 제시하는 정의와 내용이 다를 뿐 아니라 애매하고 포괄적이다. 따라서 지칭 대상부터 부정확하고 추상적이다. 우선 이 용어는 행위 주체를 명확히 구별하지 않는다. '팬덤 정치'의 행위자란 정치인을 말하는가, 지지자를 말하는가? 아니면 양쪽 모두를 지칭하는가? 또한 지지받는 정치인과 지지하는 시민들의 특성에 따라 지지 방식 및 참여 문화가 다름에도 이를 경시한 채 동일한 형태의 정치 행위자로 간주하는 경우가 많다.

'팬덤 정치'는 화자의 기준에 따라 같은 대상을 전혀 다르게 분류하거나 설명하는 용어로 쓰인다. 예를 들어, 분석하는 사람이 무엇을 중시하는가에 따라 '문재인 대통령 지지자'와 '박근혜 대통령 지지자'를 다르게 분류하기도 하고 같게 분류하기도 한다. 지지자 모임 자체를 강조한다면 '팬덤 정치'에 '박사모'를 포함시킬 수 있지만, 자발적인 시민 참여를 강조한다면 그렇지 않을 수도 있다.

많은 '팬덤 정치' 분석은 다음과 같은 차이를 뭉뚱그린다. ① 누가 만들었는가? 지지자(비정당·비정치인 중심)인가, 당 또는 정치인인가? ② 얼마나 주도적인가? 자발적(시민 주도)인가, 비

자발적(정치인·정당 주도)인가? ③ 어디에서 활동하는가? 온라인인가, 오프라인인가, 아니면 온라인과 오프라인 모두에서 활동하는가? ④ 어떻게 활동하는가? 조직형인가, 네트워크형인가, 개인형인가? 등등.

하나의 '개념'이자 분석적 '틀'로 사용되는 '팬덤 정치'는 다음과 같은 맥락에서 현상과 문제를 지나치게 단순하게 만듦으로써 심각한 오류를 범한다. 첫째, 근본적으로 팬(덤)과 지지자는 동의어가 아님에도 구별하지 않고 쓴다. 또한 팬이나 팬 문화에 대한 편견 유무에 따라 지지자들의 정치 참여를 파악하기 전에 긍정 혹은 부정으로 섣불리 판단할 수 있다. '팬덤 정치'를 바라보는 지배적인 견해는 이를 민주주의를 위협하는 병리적·일탈적 현상으로 간주하는 것인데, 이는 초기 대중문화 팬덤을 바라보는 지배적 관점이기도 했다.[27]

일례로, '팬덤 정치' 행위자로 불리는 시민들은 '○빠'로도 불린다. '○빠'는 여성혐오를 바탕으로 형성된 팬덤 비하 용어이다. 용어의 어원인 '빠순이'는 1960~1970년대에 유흥업소에서 일하는 여성을 부르는 말로 쓰이기 시작했다가 '서태지와 아이들'이 은퇴한 1990년대 중반 이후 "오'빠순이'"('오빠 순이')로 변형되어 '소녀 팬'을 비하해 지칭하는 말로 정착했다.[28] 그리고 이용어는 현재 정치인 지지자들에게도 무분별하게 쓰이고 있다.

둘째, '팬덤 정치' 용어는 지지자들을 분석 단계 이전부터 총합체로 인지하게 만들기 쉽다. 그러나 특히 문재인 대통령 지지자들은 개별적으로 참여하는 특징이 강하다. 지지자들의 참여 방식은 실제로 다양하고 상이하다. 더욱이 기존의 연구 대부분은 이들이 '연예인 팬'처럼 정치인들을 지지하는 것이 아니라, 정치인을 지지하는 방식에 전략적으로 팬덤 문화 양식을 차용하는 측면을 포착하지 못하고 있다.

2000년대 이후 등장한 새로운 형태의 시민 정치는 지금껏 '팬덤 정치'로 설명되거나 해석됐다. 그러나 앞서 살펴본 것처럼 '팬덤 정치'는 자명한 자연적 사실이 아니라 우연히 만들어진 사회·정치 용어이며, 20년이 넘도록 심하게 남용되고 있다. 한국사회에서 '팬덤 정치' 담론이 유효했던 것은 그 담론이 충분히 검증됐기 때문이 아니라, 같은 현상을 다르게 포착할 수 있는 철학적 사유와 언어적 힘이 부재했기 때문이다. 실제로 한국사회에는 '팬덤 정치' 이외에 2000년대 이후 시민의 정치 참여를 설명할 수 있는 개념 자체가 없었다. 이러한 상황은 시민 정치가 한국사회에서 어떻게 이해되는지를 부분적으로 방증한다.

종합하면 '팬덤 정치' 용어는 불분명한 개념으로, 분석 지표나 해석 도구로 활용하기에는 명확한 한계가 있다. 제대로 정의되지 않는 만큼 확인되지 않거나 사실과 다른 정보를 수용하도록 조장하기도 쉽다. 결국 시민 참여의 긍정적인 면은 물론 부정적인 면을 조망하기에도 적절하지 않다.

무엇보다 '팬덤 정치' 담론은 지지자와 정치인의 관계는 물론 지지라는 현상의 배경과 의미를 축소한다. 시민들의 달라진 정치인 지지 방식과 정치 참여 양상을 그저 비이성적 집단의 행위로 폄하하거나 낙인찍을 수 있는 위험을 내포하며, 실제로 그렇게 활용되고 있다. 단적으로, 정치인을 연예인처럼 지지해선 안 된다며 '팬덤 정치'로 불리는 현상을 신랄하게 비판하는 이들이야말로 정작 정치인 지지자와 연예인 팬을 구별하지 못하고, 특정 현상을 '팬덤 정치'로 단순히 명명하곤 한다. 이 모순적인 상황을 어떻게 이해해야 할까?

한편, '팬덤 정치'와 더불어 문재인 대통령 지지자들의 정치 참여를 분석하는 과정에서 자주 참고되는 용어가 있다. 바로 포퓰리즘populism이다. 흔히 '인민주의' 혹은 '대중주의'로 해석되는 포퓰리즘은 '대중 인기 영합주의'를 뜻하는 포퓰러리즘popularism과 구별되는 개념이다.[29] 최근 포퓰리즘 논의가 활발한 것은 2010년대부터 세계적으로 포퓰리즘 세력이 두드러진 영향력을 행사하고 있기 때문이며, 이는 신자유주의 지구화의 실패, 대중과 소통하지 않는 엘리트들의 권력 강화에 따른 결과로도 읽힌다.

인민을 뜻하는 '포풀루스populus'라는 단어에서 파생된 포퓰리즘은 사회구성원을 '순수한 인민'과 '부패한 엘리트'로 이분화하고[30] 정치 과정에 인민의 의사를 최대한 직접 반영할 것을 강조하는 정치 철학이자 정치 이념이다. 이 개념은 우파에서 좌파까지 다양하게 적용되며, 현재 이데올로기, 담론 양식, 정치 전략, 레짐, 경제 정책 등으로 폭넓게 분석되고 있다.[31]

포퓰리즘을 탈정치 또는 합의정치보다 덜 나쁘게 생각하며 긍정적인 전략으로 활용하자는 의견도 있지만,[32] 다수의 연구자는 포퓰리스트들이 인민에게 동의를 호소하고 민주주의를 언급하면서도 실제로는 인민의 자유·인권·참여를 억압하거나 민주주의를 위협할 수 있다는 점을 들어 포퓰리즘의 해악을 우려하고 경고한다.

포퓰리즘은 현대사회에서 엘리트 정치에 반대하는 대중적 반응의 한 형태로, 복잡하고 다층적인 면모가 있기에 균형 있게 봐야 한다. 그리고 야스차 뭉크Yascha Mounk가 강조한 것처럼 포퓰리스트들의 영향력을 봉쇄하기 전에 유권자들이 그들에게 표를 주지 않도록 설득해야 하며, 국민의 뜻과 전문적 관료 집단 사이에서 균형을 잡을 수 있도록 대안을 모색하는 것이 중요하다.[33]

포퓰리즘 역시 '팬덤 정치'처럼 오늘날 시민의 정치 참여를 분석하는 개념으로 흔히 사용되지만, 이 책에서는 '팬덤 정치'와 마찬가지로 포퓰리즘을 차용하지 않는다. 포퓰리즘은 세계의 여러 정치 현상 또는 대중 불만으로 해석되지만, '팬덤 정치'처럼 무분별하게 활용되고 있다.[34] 이뿐 아니라 보편적인 특징을 충분히 다루지 않은 채 광범위하게 일반화하는 측면이 있다는 점에서 방법론적 한계가 있다.[35]

현재 '팬덤 정치'와 '포퓰리즘'은 오남용이 심각하며, 앞서 강조했듯 시민 정치를 분석하는 개념으로 사용하기에는 한계가 있다. 더욱이 '포퓰리즘' 용법은 피통치자인 시민들을 통치 집단의 동원 대상 또는 수동적 객체로 인식하기 쉽게 만든다. 따라서 '문재인의 정치'가 아니라 '문재인 지지자'에 관심을 두고 시민들의 정치 참여를 고찰하는 이 책에서는 두 개념을 비판적으로 검토한다.

2장

POLITICS

대통령을 만든
지지자들

대통령 문재인의 등장

문재인 신드롬 현상의 배경

인권변호사로 활동하다 국회의원이 됐고, 두 번째로 출마한 대선에서 선출된 제19대 문재인 대통령은 퇴임한 지금도 사회적 인물로 평가받고 있다. '정치인 문재인'과 '문재인 지지자'는 엄연히 다르므로 별개의 평가가 이뤄져야 한다. 다만 그토록 많은 시민이 왜 '문재인'을 지지했는지 이해하기 위해서는 우선 문재인이라는 인물과 그가 등장한 사회적 배경을 살펴볼 필요가 있다.

1948년부터 지금까지 한국에서 선출된 전·현직 대통령은 총 13명이다. 그중에서 선거권을 가진 사람(유권자)들이 직접 대통령을 뽑는 직접선출제가 실질적으로 도입된 1987년 대선(제13대)부터 2022년 대선(제20대)까지 등장한 대통령은 총 8명(노태우, 김영삼, 김대중, 노무현, 이명박, 박근혜, 문재인, 윤석열)이다. 문재인 대통령이 당선됐던 제19대 대선은 헌법재판소 재판관들의 만장일치로 박근혜 제18대 대통령이 탄핵되면서 대통령직의 공백이 발생해 이른 시기에 시행됐다.

제19대 대선은 특수한 상황에서 빠르게 준비됐기 때문에 각 대선 후보들은 여러 소셜 미디어를 활용하고 다양한 방송에 출연했다. 그리고 시민들과 실시간 소통을 시도하며 자신이 당선돼야 하는 이유를 설득하려 했다. 각 후보들을 지지하는 일부 시민들 역시 선거운동 기간에 적극적으로 지지 의사를 표출하며 유세장에서 존재감을 드러냈다.

대선 후보 중에서 지지도 1위였던 당시 문재인 후보의 유세 현장에는 이색적인 머리띠와 플래카드 등이 대거 활용됐다. 그동안 다른 유세 현장에서 보지 못했던 도구를 활용해 적극적으로 문재인 후보를 지지하는 시민들의 모습과 인파가 알려지면서 문재인 후보만큼 문재인 후보의 지지자들도 주목받기 시작했다.

한국 대선의 전국 투표율은 약간의 변동이 있지만 1987년 이후로 하락하는 추이를 보였는데,[1] 제19대 대선의 전국 투표율은 77.2퍼센트였으며, 이는 제13대부터 제20대까지 비교할 때 네 번째로 높은 수치였다. 그리고 문재인 제19대 대통령의 득표율은 41.1퍼센트로, 제13대부터 제20대까지 있었던 8명의 대통령 중에서 여섯 번째로 높은 결과였다. 41.1퍼센트라는 수치는 전 국민적인 지지로 보기는 어려운 득표율이었으나, 취임 이후 문재인 대통령의 직무 평가 긍정률이 80퍼센트를 넘기면서 문

<표 1> 역대 대통령선거 결과

대통령 당선인	대통령선거일	전국 투표율(%)		당선 득표율(%)		대통령 취임일
노태우 (제13대)	1987. 12. 16.	89.2	(1위)	36.6	(8위)	1988. 2. 25.
김영삼 (제14대)	1992. 12. 18.	81.9	(2위)	42.0	(5위)	1993. 2. 25.
김대중 (제15대)	1997. 12. 18.	80.7	(3위)	40.3	(7위)	1998. 2. 25.
노무현 (제16대)	2002. 12. 19.	70.8	(7위)	48.9	(2위)	2003. 2. 25.
이명박 (제17대)	2007. 12. 19.	63.0	(8위)	48.7	(3위)	2008. 2. 25.
박근혜 (제18대)	2012. 12. 19.	75.8	(6위)	51.6	(1위)	2013. 2. 25. (파면)
문재인 (제19대)	2017. 5. 9.	77.2	(4위)	41.1	(6위)	2017. 5. 10.
윤석열 (제20대)	2022. 3. 9.	77.1	(5위)	48.6	(4위)	2022. 5. 10.

재인 대통령의 높은 국정 지지도가 화제에 올랐다.

당시 문재인 대통령의 많은 인기는 상품 품귀 현상을 통해서도 분석됐다. 대통령 당선 전후로 '문템'('문'재인+아이'템') 혹은 '이니 굿즈'(문재'인'에서 딴 별명 '이니'+문화 상품을 일컫는 '굿즈')라는 신조어가 생길 만큼 문재인 대통령과 관련된 여러 상품이 품절됐다. 대표적으로 문재인 후보 사진이 표지에 담겼던 미국 주간지 《타임TIME》 아시아판은 주요 온라인 서점에서 10분

만에 매진되어 추가 판매됐고, 자서전이나 대담집 등이 베스트셀러 목록에 올랐다. 취임한 이후로도 문재인 대통령이 착용한 안경, 구두, 등산복, 넥타이 등이 동났고, 취임 기념 우표첩은 예정된 2만 부를 훨씬 웃도는 24만여 부가 판매됐다.

이와 같은 현상은 새로운 사회로의 이행 가능성을 희망하고 기대하는 시민들의 지지 심리가 구매 문화로 연결된 것으로 읽히며 세간의 이목을 끌었다. 물론 다른 한편에는 '아이돌 팬덤화'와 '정치인 우상화'와 같은 부정적인 해석도 언론 보도 및 정치 담론에서 뒤섞였다. 여기서 알 수 있는 것은 서로 다른 평가가 있었다는 것 이전에 문재인 대통령을 향한 시민들의 강한 지지 현상이 존재했다는 점이다.

흥미로운 사실은 문재인 대통령이 받은 지지 열기가 하나의 '신드롬' 현상으로 표현된 것은 제19대 정부 수립 전후가 처음이 아니었다. 2011년, 그러니까 문재인 대통령이 제도 정치입문을 결심한 해에도 문재인의 인기는 일종의 '신드롬'이었다.[2] 달리 적으면 문재인 대통령의 인기는 2017년에 이미 장기적이었다. 누가, 왜 이렇게 문재인을 지지하는가? 문재인은 어떻게 제도 정치에 등장했는가? 이 질문 또한 오랜 시간 그를 따라다녔다.

문재인이란 인물이 더 많은 사람에게 각인된 배경에는 노무현 제16대 대통령이 있다. 이미 많은 사람에게 알려졌듯, 두 사람의 인연은 서로가 국회의원으로 출마하기 전부터 시작됐다. 그때를 잠시 반추해보자.

문재인 대통령은 어린 시절 가난한 환경에서 자랐지만 명석했고, 재수 끝에 전액 장학금을 받는 수석으로 대학에 입학했다. 그러나 대학에 다니는 동안 박정희 정부와 전두환 정부의 독재에 저항하는 운동에 참여하면서 여러 번 구속되었고 제적되기도 했다. 그 과정에서 강제 징집되어 특전사령부 소속으로 군복무를 마쳤고, 구치소에서 사법시험 2차 합격 소식을 들었다.

사법연수원에서 차석으로 수료하고 법무부장관상을 받았던 문재인은 학생운동 이력이 있어 판사에 임용되지 못했다. 로펌의 영입 제의를 거절하고 어머니가 계신 부산에 갔다가 우연히 소개받은 사람이 있었는데, 그 사람이 바로 인권변호사 노무현이었다. 문재인은 그와 함께 합동법률사무소를 열고 인권변호사로 활동하며 민주화운동에 참여했다. 그리고 1980년대 후반 두 사람은 나란히 안기부(현재 국가정보원)의 요시찰 대상에 올랐다.[3]

그 사람을 제대로 알기 위해서는 그 친구를 보라고 했습니다. …… 나는 문재인을 친구로 두고 있습니다. …… 이분들은 성공한 사람입니다. 그러나 남 위에 군림하지 않았습니다. 남들에게 눈물나는 일을 하지 않았습니다. 가난하고 힘없는 사람들을 오늘도 돕고 있습니다. 잘못된 것을 바로잡기 위해서 오늘도 수고하고 있습니다. 이웃을 위해서 함께 사랑을 나누고 함께 노력하는 우리들의 지도자입니다.[4]

노무현은 제16대 대선에서 당선되기 전인 2002년 12월에 선거운동을 하며 문재인을 소개했다. 노무현 정부가 수립된 직후 문재인은 민정수석비서관직을 맡으며 더 많은 사람에게 알려졌다. 그러다 건강 악화 등을 이유로 2004년에 사직하고 히말라야 산행길에 올랐다. 하지만 현지 신문을 통해 3개 정당(새천년민주당·한나라당·자유민주연합)의 주도로 노무현 대통령 탄핵소추안이 통과된 소식을 접하고 귀국해 변호인단을 구성했다.

탄핵소추안은 기각됐고 노무현 대통령의 직무는 복귀됐다. 문재인은 청와대로 다시 들어가 시민사회수석비서관과 민정수석비서관, 정무특보를 거쳐 노무현 정부의 마지막 대통령 비서실장이 됐다. 그리고 참여정부 임기가 종료된 이후 공직에서 물러나 변호사로 일했다. 2009년에 노무현 대통령이 서거했을 때 그는 국민장위원회 상임집행위원장이자 상주로서 장례 전반의 일을 맡았다.

앞의 내용에 비해 알려지지 않았던 사실은 문재인 대통령(제19대)이 노무현 대통령(제16대)과 같은 시기에 김영삼 대통령(제14대)에게 정치 입문 제의를 받았다는 점이다. 문재인 대통령은 2012년에 제도 정치 무대에 오르기 전까지 최소한 네 번의 정치 입문 제의를 거절한 것으로 알려져 있다. 1988년 김영삼 대통령의 국회의원 출마 제의, 2002년 노무현 대통령의 지방선거 부산시장 출마 제의, 2009년 부산 지역 민주화운동 원로 인사들의 경남 양산 재보선 국회의원 출마 제의, 2010년 여론에 의한 지방선거 부산시장 출마 제의가 바로 그것이다. 즉 문재인은 온전히 그 자신에 대한 평가를 기반으로 정치권에 소환됐던 인물이다.

당시 당으로부터 출마 압력을 받고 있었습니다. 노 대통령도 저의 출마를 바라는 기색이었죠. 하지만 저는 청와대 들어갈 때 대통령으로부터 다짐받아놓은 게 있었습니다. '민정수석으로 끝낸다, 나에게 정치하라고 하지 마시라' 두 가지였죠. …… 정치는 우리 삶을 좌우합니다. 정말 중요하죠. 하지만 누구나 다 정치를 할 수 있는 건 아닙니다. …… 노무현재단 일에 충실하기 위해서라도 저는 현실 정치와 거리를 두고 싶습니다. 내가 맡은 일 잘하는 게 나름대로 돕는 길이라고 생각합니다.[5]

인권변호사였던 문재인은 정치를 하지 않겠다는 약속을 전제로 노무현 정부 민정수석비서관직을 수락했다. 그리고 거듭되는 정치 입문 제의에 거절 의사를 밝혔고, 노무현 대통령이 서거한 다음 해인 2010년까지도 정치 불출마 공언을 지켰다. 그러나 제18대 대선을 1년 앞둔 2011년에 제도 정치에 오르기를 선택했고, 같은 해에《문재인의 운명》을 출간했다.[6]

그를 만나지 않았으면 적당히 안락하게, 그리고 적당히 도우면서 살았을지도 모른다. 그의 치열함이 나를 늘 각성시켰다. 그의 서거조차 그러했다. 나를 다시 그의 길로 끌어냈다. 대통령은 유서에서 '운명이다'라고 했다. 속으로 생각했다. 나야말

로 운명이다. 당신은 이제 운명에서 해방됐지만 나는 당신이 남긴 숙제에서 꼼짝하지 못하게 됐다.[7]

문재인 대통령은 2012년 국회의원 선거(총선)에 처음 출마해 당선되면서 부산에서 선출직 정치 활동을 시작했다. 그리고 2012년에 제18대 대선 후보가 되었으나, 박근혜 당선자에게 밀려 낙선했다. 이후 2015년에 새정치민주연합(더불어민주당 전신) 당 대표를 역임했고, 2016년에 더불어민주당 상임고문직을 맡았다. 그리고 2017년에 대통령으로 당선되었다. 인수위원회 조직 없이 5월 10일에 취임했던 문재인 대통령은 2022년 5월 9일에 임기를 마쳤다.

문재인 지지자의 기원

지지자로 등장한 시민들

필자의 연구에 참여한 13명의 문재인 대통령 지지자 중에서 제 18대 대선(2012) 당시 문재인 후보에게 투표했던 사람은 총 12명이었다. 다른 1명은 그때 정치에 무관심해서 투표에 참여하지 않았다. 그러나 문재인 대통령이 당선됐던 제19대 대선(2017)에서 13명은 모두 문재인 후보에게 투표했다. 이들이 평가한 스스로의 정치 이념은 '다소 보수' 3명, '중도' 3명, '진보' 8명이었다. '진보'가 가장 많았으나 단일하지 않았고, '매우 보수' 또는 '매우 진보'로 응답한 사람은 없었다.

주목할 점으로 13명은 제도 정치와 사회참여에 관심이 많았고, 그 시기와 계기는 개인마다 달랐으나 문재인 대통령을 지지하기 전에 형성된 관심이라는 공통점이 발견됐다. 적극적인 정치 참여 의지도 모두에게 엿보였는데, 이 역시 문재인 대통령 지지자가 되기 전에 한 명의 사회구성원으로서 체화했던 것이었다. 이들이 정치에 관심을 가진 주요한 배경을 빠른 시기 순서로 나열하면 다음과 같다.

성장기 또는 성인기에 정치사 (재)학습으로 정치에 관심을 가졌다(3명). 제14대 김영삼 정부의 하나회 척결로 청산되는 역사를 실감했다(1명). 정치인 노무현을 통해 사회 변화를 기대하기 시작했다(2명). 제16대 노무현 대통령의 탄핵소추안 통과(2명)와 서거(1명)를 겪으며 정치 참여의 필요성을 느꼈다. 제17대 이명박(1명) 대통령과 제18대 박근혜(1명) 대통령 당선 이전에 대선 후보 선출 과정 및 결과에 문제의식을 느꼈다. 제18대 박근혜 정부 때 발생한 세월호 참사로 정치적 무관심을 반성했고(1명), 적극적 사회참여의 중요성을 인식했다(1명).

이들이 문재인 대통령에게 관심을 가진 시기와 그를 지지하기 시작한 시기로 가장 많이 언급한 때는 제18대 대선 이전이었다. 우선 관심을 가진 시기는, 제16대 노무현 정부(2명), 노무현 대통령 장례(4명), 제18대 대선 이전(6명), 제19대 대선 이전(1명)이었다. 정리하자면, 문재인 대통령이 비정치인이던 시기에 관심을 가진 이들은 6명, 정치인이던 시기에 관심을 가진 이들은 8명이었다.

반면 지지를 시작한 시기로는, 제16대 노무현 정부(1명), 노무현 대통령 장례(1명), 노무현 대통령 사십구재(1명), 제19대 총선 이전(1명), 제18대 대선 이전(7명), 제20대 총선 이전(1명), 제19대 대선 이전(1명)이었다. 다시 말해, 문재인 대통령이 비정치

<표 2> 문재인 대통령에게 관심을 갖거나 지지하기 시작한 시기

연도	관심을 가졌던 시기		지지를 시작한 시기	
2003~2008	제16대 노무현 정부	2명	제16대 노무현 정부	1명
2009	노무현 대통령 장례	4명	노무현 대통령 장례	1명
	-	-	노무현 대통령 사십구재	1명
2012	-	-	제19대 총선 이전	1명
	제18대 대선 이전	6명	제18대 대선 이전	7명
2016	-	-	제20대 총선 이전	1명
2017	제19대 대선 이전	1명	제19대 대선 이전	1명

인이던 시기에 그를 지지하기 시작한 이들은 3명, 정치인이던 시기에 지지하기 시작한 이들은 10명이었다. 지지자들이 문재인에게 관심을 가졌던 시기와 그를 지지하기 시작한 시기를 별도로 구분해 논한 것은 이들이 각각 지지의 여부를 판단하는 과정과 시간을 거쳤기 때문이다.

문재인 대통령이 더 많은 사람에게 알려지고 정치에 입문한 배경에 노무현 대통령의 영향이 있었던 것은 사실이다. 그러나 이는 일부 배경일 뿐 제도 정치에 오르길 선택한 것은 문재인 당사자의 결단이었다. 마찬가지로 문재인 대통령을 지지하는 시민들은 문재인을 보고 그를 지지하기로 선택했다. 즉 그들의 기원이 문재인이 아닌 노무현 또는 노사모에 있다고 보는 다수의 견해는 틀렸다. 주류 담론의 주장처럼 노무현 대통령 지지 및 노사모 경험의 유무가 반드시 문재인 대통령 지지로 이어지

<표 3> 문재인 대통령 지지자들의 노무현 대통령 평가 시기

평가 계기	평가 시기		평가 기준
노무현	정치인	3명	지지자 개별 자체 평가
	제16대 대통령 후보	5명	
	제16대 노무현 정부	1명	
	퇴임 이후 서거 이전	1명	
문재인	서거 이후 후일 평가	2명	
	모름	1명	문재인 대통령의 평가 따름

는 것은 아니다.

첫째, 문재인 대통령에 대한 평가와 노무현 대통령에 대한 평가는 별개다. 문재인 대통령 지지자들이 노무현 대통령을 인식하기 시작했던 시점부터 제각기 달랐다. 13명 중에서 10명은 노무현 대통령이 정치인으로 등장해 서거하기 전까지의 시기에, 3명은 노무현 대통령이 서거한 이후 문재인이라는 인물을 통해 노무현의 존재를 알게 되었다. 특히 제16대 정부 당시 투표권이 없었던 사람들은 심리적·사회적으로 문재인 대통령을 더 친밀하게 느꼈다. 심지어 1명은 문재인 대통령의 평가를 따라 노무현 대통령을 인식했다. 즉 문재인을 통해 노무현을 알아가게 된 지지자들도 있었다.

둘째, 노무현 대통령의 지지 여부를 비롯한 지지 경험의 차이가 존재한다. 문재인 대통령 지지자 13명 중에서 노무현 대통령이 당선된 제16대 대선 당시 투표권을 가진 사람은 총 8명이었다. 그중 7명은 노무현 후보에게, 1명은 이회창 후보에게 투표했다. 이회창 후보에게 투표했던 1명은 집안 분위기에 영향을 받아 보수 성향이었는데, 노무현 대통령 결단으로 성사된 2003년 3월 9일 '전국 검사들과의 대화'를 보고 "모욕적인 언사를 당함에도 불구하고 끝까지 소통하려는 노무현 대통령의 모습에 그를 달리 생각하게 되어" 노무현 대통령을 지지하기 시작했다.

13명 중 노무현 대통령이 국회의원으로 당선되어 서거하기 전까지 그를 지지했던 사람은 8명이었다. 그리고 그중 단 1명만이 노무현 정부 임기 말에 노사모 회원이 됐는데, 그는 활동 이력이 없던 '유령 회원'이었다. 또한 2004년 노무현 대통령 탄핵 반대 촛불집회에 참석했던 사람은 5명이었다. 종합해보면, 과거에 노무현 대통령을 지지했던 8명의 문재인 대통령 지지자는 당시 지금만큼 노무현 대통령을 적극적으로 지지하지 않았다.

문재인 대통령 지지자들의 기원이 노무현이나 노사모가 아닌 문재인에 근거를 두고 있음을 아는 것이 중요하다. 그리고 노사모에 대한 문재인 대통령 지지자들의 평가는 저마다 다르지만 노사모를 통해 이들이 직간접 형태로 얻은 '교훈'이 있다는 사실을 놓쳐선 안 된다. 즉 노무현 대통령과 노사모는 이들의 '기원'이 아니라, 이들이 문재인 대통령을 지지하는 방식에 영향을 미친 '역사'이다. 특히 노무현 대통령 서거 전후로 한국에서 발견됐던 정치 구조 및 사회 환경은 오늘날 발현되는 시민 정치의 양상에 지대한 영향을 미쳤다.

시민들은 자유롭고 공정한 선거를 통해 정권을 교체하는

것이 불가능했던 시기를 거쳤다. 그리고 민주화를 통해 직접선출제로 대통령 당선자를 결정하게 됐다. 노무현 대통령이 당선됐던 때는 시민들이 추구하는 사회 가치를 투영할 수 있는 정치인을 대통령으로 선출하는 것 자체가 의미 있었던 시기다. 더욱이 노무현 대통령은 정당 내 지지 기반이 약했으나 시민들의 자발적 참여를 통해 '아래로부터' 지지 세력을 확보함으로써 대통령이 됐던 정치인이다.

노무현 대통령은 정치인 시절에 '새로운 정치 개혁의 가능성'을 상징하는 인물이기도 했다. 그랬던 그가 대통령이 되었다가 임기를 마친 후에 서거했던 것은 여러 시민에게 일련의 사회적 타살로 읽히며 충격과 상실감을 안겼다. 시민들은 한국사회에서 정치 개혁을 반대하는 권력이 존재하며, 또 다른 정치인이 이들의 공격을 받아 정치 보복을 당할 수 있다고 우려했다. 여기에는 그들을 향한 저항 의식과 냉소가 자리하고 있었다.

모두가 노무현 대통령에게 부채의식을 갖는 건 아니었지만 노무현 대통령을 향한 부채감과 미안함 등의 감정은 한국사회에 잔존하는 반민주주의 가치와 부패한 기득권 세력을 청산해야 한다는 사회적 요구와 결합해 일상에서 작동한다. 이것에는 노무현 대통령을 향한 당시의 비판이 무차별 공격 또는 비난에 가까웠다는 평가도 담겨 있다. 문재인 대통령을 지지하는 시민들은 당시의 환경이 지금도 지속되고 있다고 느낀다.

지지자들은 노무현 대통령의 서거를 '겪으며' 정치적 대표자를 선출하는 것으로 시민의 의무가 끝나는 것이 아니며, 선출한 이후로도 지지를 이어감으로써 사회 변화를 향한 추진력을 소실해선 안 된다는 일종의 주권자로서의 사명감을 학습하고 공유하고 있다. 이러한 대목은 문재인 대통령에 대한 지지 방식이 단지 문재인이라는 한 정치인 개인에 의한 것만은 아님을 드러낸다.

호명된 권력자

변화하는 지지 요인과 지도자의 자질

특정 지도자가 지지받는 요인에는 지도자의 개인적 특성과 지지자의 관점, 그들을 둘러싼 사회적 맥락이 모두 반영된다. 시대와 상황에 따라 지도자에게 요구되는 자질과 지도자에 대한 평가가 바뀔 수 있음을 고려할 때, 지지의 요인은 고정적이지 않다. 단일한 규정이 아닌 다면적 이해의 시도가 필요한 것은 그 때문이며, 이것이 선행되지 않을 때 분석의 결과는 특정한 고정관념 또는 편견을 강화하는 데 그치기 쉽다.

개인적 특성

문재인 대통령을 지지하는 시민들은 자의로 혹은 타의에

의해 지지자로서의 정체성이 부각되지만 그 이면에는 스스로를 문재인 대통령과 동등한 주체이자 대통령에게 권력을 부여하는 주권자로서 정체화하는 의식이 강하다. 이들은 더 나은 사회로 이행하기 위한 고민과 가치를 문재인 대통령이 공유하고 있고 그가 이를 함께 실천할 수 있는 사람이라고 생각한다. 즉 신뢰할 수 있는 지도자로 적합하다고 평가하기에 그를 선택했고 지지를 이어가는 것이다.

지지자들은 문재인 대통령이 제도 정치 행위자로 정치권력을 얻기 전에 독재정권에 항거하는 학생운동에 참여하거나 인권변호사로 활동한 이력들을 높이 평가한다. 문재인 대통령의 과거부터 이어진 일관된 행보는 지지자들이 그를 향한 굳건한 신뢰를 유지하는 감정 구조의 바탕이 된다. 지지자들은 문재인 대통령을 '민주주의 사회'를 위해 꾸준히 목소리를 내고 실천했던 사람이자, '자신만의' 부와 권력이 아닌 '모두에게' 더 나은 사회를 만들기 위해 자신의 역량과 시간을 보냈던 사람으로 인식한다.

시민들이 바라는 지도자의 자질을 확인한 여론조사 결과(2021)에 따르면, '도덕성'이 29.8퍼센트로 가장 높았고, 다음으로 '미래 비전' 29.7퍼센트, '국민 통합' 21.1퍼센트, '역사의식' 9퍼센트, '설득력' 1.6퍼센트, '기타' 6.1퍼센트, '잘 모름' 2.8퍼센트 순이었다.[8] 문재인 대통령 지지자들은 자신이 중요하게 여기는 지도자의 자질 또는 사회적 가치를 '약자를 위한' '정의의' '평등한' '공존의' '정직한' '실용적인' '정의의' 등의 수식어로 다양하게 언급했으며, 이와 같은 자질 또는 가치를 문재인 대통령에게서 발견했다고 말했다.

지지자들이 문재인 대통령을 지지하는 이유로 가장 강조한 것은 '원칙'이었으나, 이 원칙의 의미는 각기 다르게 해석됐다. 하지만 그러면서도 이들 모두는 '원칙'을 편법 그리고 위법과 반대되는 가치로 공통되게 강조했다. 문재인 대통령은 사익이 아닌 공익을 기준 삼아 정치적 대표자가 수행해야 할 일을 외면하지 않고 실현할 수 있는 사람으로 여겨졌다.

문재인 대통령을 지지하는 시민들은 공존과 상생을 바탕으로 한 민주주의 가치를 중요하게 여기며, 이 가치에 위반되지 않는 인물이 지도자로 적합하다고 생각한다. 결과적으로 지지자들에게 문재인 대통령은 자신이 더 나은 사람이 되도록 독려하는 사람이면서 더불어 살아가는 사회를 지향하게 하는 사람이다.

문재인 대통령은 지지자들이 선택한 정치인으로 추종의 대상이 아니었지만, 그럼에도 일부 지지자들은 '존경'이라는 단어를 사용했는데, 이는 수직적 관계에서 나타나는 복종이 아닌 수평적 관계에서 나타나는 공감의 형태, 다시 말해 '닮고 싶다'는 의미에 가까웠다.

이들은 어지러운 시대에 문재인 대통령을 당선시킨 것에 대한 부채감과 책임감, 사명감을 동시에 느끼고 있었다. 미안함과 고마움의 감정은 지지자들이 문재인 대통령을 꾸준히 지지할 수 있는 강력한 자기 동력이자, 집단 정체성을 형성할 뿐 아니라 정치적 냉소주의를 물리치는 기제로 작동한다. 문재인 대통령 지지자들을 움직이는 것은 '동원'이 아닌 '이입', 이성적 판단을 바탕으로 한 감정의 힘이다.

사회적 맥락

한국에서 국회의원은 헌법으로부터 많은 책무와 권한을 부여받지만 다수의 시민은 이들이 책임과 의무를 다하고 있지 않다고 평가한다. 문재인 대통령을 지지하는 이들의 평가도 다르지 않다. 정치인들이 선거를 통해 권력을 얻고자 정책과 공약 등을 남발하지만 당선되면 실천하지 않는다는 혹평에는 시민들의 의견이 정당과 의회를 거쳐 의제화되고 있지 않다는 문제의식이 들어 있다. 정치인들이 국민의 삶을 위한 정책을 놓고 다투기보다 사적 이익을 추구하며 권력 쟁탈전을 벌인다는 전반적인 인식과 비판이 깔려 있다.

문재인 대통령은 2012년 국회의원으로 선출된 이후로 한 번의 당 대표와 두 번의 대선 후보를 거치며 오랜 시간 사회적 검증의 대상이 됐다. 특히 2015년 새정치민주연합(더불어민주당 전신) 당 대표를 역임했던 시기에 '친문 대 비문'이라는 계파 갈등의 중심에 놓였다. 당시 안철수 의원의 탈당으로 야권 분열 책임론이 일었는데, 당 대표였던 문재인이 공천 시스템 변화를 추진하고 정당 최초로 온라인 입당을 연 시도가 가시적인 정당 쇄신으로 읽혔다. 이는 많은 시민이 더불어민주당과 문재인 당 대표를 지지하는 계기가 됐다.

연구참여자들에게 '인물·정책·정당·기타'의 네 가지 보기를 제시하고 문재인 대통령을 지지하는 이유를 중복 답변이 가능하도록 물었을 때, 13명이 1순위로 모두 '인물'을 꼽았다. 2순위로 '정책' 때문에 그를 지지한다고 답한 지지자는 12명이었는데, 다른 1명은 자신이 정책에 무관심한 것이 아니라고 말했다. 그는 공약이 남발되는 사회에서 정책보다 중요한 것은 정책을 실천할 수 있는 인물의 의지와 실행력이며, 따라서 지도자의 성품과 가치관을 봐야 하기에 정책으로 지지 여부를 결정하지 않는다는 말을 덧붙였다. 3명만이 문재인 대통령을 지지하는 3순위 이유로 '정당'을 언급했으나, 정당의 필요성을 강조하면서도 현실의 정당에 대해서는 불신을 내비쳤다. 다시 말해, 더불어민주당을 지지하기 때문에 문재인 대통령을 지지하는 사람은 한 명도 없었다.

문재인 대통령은 '호명되어 정치인이 됐던 사람'으로, 자신의 이익 추구나 입신양명 등을 위해 정치하는 기존의 많은 정치인과 비교되는 사람이다. 즉 지지자들에게 문재인 대통령은 '시민들의 의견을 들으려는 정치인' 나아가 '지금까지와 구별되는 새로운 정치를 보여줄 수 있는 정치인'으로 인식됐다. 요약하자면, 올바른 정의를 실현할 수 있는 대항자로서 '아래로부터의' 지지를 통해 권력의 정당성을 가진 덕분에 문재인 대통령은 지지자들에게 예외적일 만큼 강한 신뢰를 받았다.

한편, 지지자들은 성장 과정에서 교육을 통해 학습한 것처럼 민주주의 원리에 따라 한국사회가 운영되지 않고 있으며, 정의가 항상 승리하는 것이 아님을 역사로부터 확인했음을 강조했다. 실제로 제18대 대선을 앞둔 시점에 이명박 정부의 조직적인 여론 조작[9]과 약 300만 표에 달하는 재외동포 대상 투표권 침해 사례[10]가 있었다. 이뿐 아니라, 문재인 대선 후보보다 108만 496표를 더 얻어 선출 및 수립된 제18대 박근혜 정부가 일본 극우 세력에게 인사 활동비를 지급했던 사건[11] 등은 시민들의 정치 혐오와 정치 불신을 한층 더 가중시켰다.

대의제 민주주의 권력에 대한 불신은 문재인 대통령을 지지하는 시민들이 그를 지지하기 전부터 현실 정치에 더 관심을 가지고 적극적으로 참여하는 계기가 됐다. 그리고 문재인 대통령은 결과적으로 지지자들에게 "해가 뜨기 전 가장 어둡다고 생각할 때 나타난 사람"이었다.

제19대 대선에서 문재인 당선자에게 투표했던 361명을 대상으로 문재인 후보에게 투표한 이유를 조사한 결과(2017)를 살펴보면, '적폐 청산·개혁·쇄신' 응답이 20퍼센트로 가장 높았다. 다음으로 '정권 교체·심판을 위해' 17퍼센트, '인물·이미지가 좋아서' 14퍼센트, '타 후보보다 나아서·타 후보가 싫어서' 12퍼센트, '믿음·신뢰가 가서' 11퍼센트, '정책·공약이 좋아서' 11퍼센트, '정당이 좋아서' 7퍼센트, '정직해서·양심적이어서·청렴해서' 7퍼센트, '능력이 좋아서·잘할 것 같아서' 6퍼센트, '경험·경력이 좋아서' 6퍼센트, '소통을 잘할 것 같아서' 5퍼센트, '노무현 대통

내용	제19대 대선(%)	제18대 대선(%)
적폐 청산·개혁·쇄신	20	6
정권 교체·심판을 위해	17	26
인물·이미지가 좋아서	14	6
타 후보보다 나아서·타 후보가 싫어서	12	15
믿음·신뢰가 가서	11	10
정책·공약이 좋아서	11	20
정당이 좋아서	7	10
정직해서·양심적이어서·청렴해서	7	5
능력이 좋아서·잘할 것 같아서	6	6
경험·경력이 좋아서	6	-
소통을 잘할 것 같아서	5	-
노무현 대통령과의 관계	5	-
민생을 챙길 것 같아서	-	8

령과의 관계' 5퍼센트 순서로 나타났다.[12]

가장 많은 사람이 꼽은 '적폐 청산·개혁·쇄신' 응답 20퍼센트와 유사한 항목인 '정권 교체·심판' 응답 17퍼센트를 합치면 총 37퍼센트에 해당한다. 참고로 제18대 대선에서 문재인 후보에게 투표했던 462명을 대상으로 투표 이유를 조사한 결과(2012)에서도 '정권 교체·심판' 응답이 26퍼센트로 가장 높았고, '적폐 청산·개혁·쇄신'을 꼽은 6퍼센트를 합치면 총 36퍼센트에 이르렀다. 이 사실을 상기할 때, 제18대 대선과 제19대 대선에서 시민들이 문재인 후보에게 투표했던 가장 주된 이유는 '정권 교체'와 '적폐 청산'이었음을 알 수 있다. 이는 문재인 정부의 목표이자 성과로 '적폐 청산'이 부상하게 된 배경이다.[13]

지금까지의 내용을 요약하면, 현대사회에서 시민들로부터 중요하게 요구되는 지도자의 자질은 수직적이고 위계적인 것보다 수평적이고 대변적인 것에 가깝다. 문재인 대통령은 지지자들에게 '부당한 권력'(부정의)에 대항할 수 있는 능력 있는 대변자(정의)로 상징되고 해석되는 인물이다. 지지자들에게 문재인 대통령은 제도 정치에 오르도록 시민들이 호명했고, 그렇게 제도 정치 행위자로 등장하여 대통령에 당선시켰으며, 여전히 지지할 가치가 충분한 사회적 인물이다.

3장

POLITICS

절대 지지의 배후

정당의 반역

그들만 모르는 불신의 아이콘

문재인 대통령을 지지하는 시민들은 한국사회에서 정치인과 정당이 민의를 대변하지 않는다고 평가했다. 그리고 국회의원들이 자신이 존재해야 하는 이유를 설명하지 못하고 있다고 비판했다. 이러한 정치 불신 현상은 비단 한국에서만 발견되는 것이 아니다.

야스차 뭉크는 입법부인 국회가 투표로 구성되는데도 민의가 입법 과정에 반영되지 않는 이유를 두 가지로 정리한 바 있다. 우선 정치인들이 국민의 뜻을 입법 과정에서 반영하지 못하고 있다. 특히 정치후원금을 받아 특정한 사람과 더 많은 시간을 교류하거나 정치-경제 엘리트의 권력을 강화하는 방식은 시민의 의견을 정치 체제에서 배제하는 결과를 초래한다. 또한 비선출 관료가 양적으로 증가하고 그들의 역할이 늘어나면서 시민

의 정치적 영향력이 점점 감소하고 있다.[1]

연구참여자 13명 전원은 자신이 지지하는 정당으로 더불어민주당을 선택했지만 그 내막을 살펴봤을 때 더불어민주당에 대한 평가 역시 냉소적이었다. 더불어민주당은 박근혜 대통령이 탄핵된 이후 문재인 후보가 제19대 대선에서 대통령으로 당선되면서 집권 여당이 됐다. 그러나 더불어민주당은 제19대 대선 이전에 열렸던 2016~2017년 촛불집회를 포함해 여러 국면에서 무능한 정당으로 비판받기에 이르렀다.[2] 문재인 대선 후보가 지지자들에게 '어지러운 시대'에 신뢰할 수 있는 행위자로서 대통령이 됐다는 평가를 받은 것과 달리, 더불어민주당은 정당으로서 자체적인 신뢰를 받았다고 보기 어려운 상황이었다.

더불어민주당은 지금까지 사회 변화를 향한 의지를 내세우며 시민들에게 선택을 받았으나, 약속한 정치 의제를 입법 과정에서 실현하기보다 여러 이유로 추진하지 않는 모습을 오랫동안 보여왔다. 가령, 제21대 총선을 앞두고 더불어민주당과 정의당의 주도로 중소 정당이 10석 정도 더 의석을 얻을 수 있도록 선거법이 개정됐다. 그러나 자유한국당이 더 많은 비례의석을 얻기 위해 위성 정당을 만들자, 더불어민주당은 총선 승리를 명분으로 위성 정당을 창당했다. 결국 선거법 개정의 의미는 퇴색됐다.[3] 그 결과 더불어민주당은 제21대 총선에서 170여 석을 확보했지만 많은 비판을 받았다.

그 밖에도 조국 법무부장관 임명, 재보궐선거 후보 공천 등을 진행하는 과정에서, 또한 당 소속 정치인들의 성폭력 사건에

문재인 대통령을 지지하는 이유				지지하는 정당		정당 지지 이유	
인물	정책	정당	기타	더불어민주당	기타	대통령	정당
13명	12명	3명	없음	13명	없음	13명	없음

대응하는 과정에서, 더불어민주당은 전반적으로 기존에 만연했던 구조적 차별과 사회문제를 엄중하게 인식하고 이를 해결하기 위해 책임을 다하는 모습을 보여주지 못했다. 오히려 같은 편을 잃지 않기 위해 움직이는 정당처럼 수세적인 모습을 보이며 많은 시민에게 신뢰를 잃어갔다.

결과적으로 더불어민주당은 더 나은 사회로 이행하기 위해 필요한 분석이나 의제 없이 권력 유지 혹은 재집권을 위해 움직이는 정당, 권력을 부여하는 시민의 삶을 우선하는 것이 아니라 공천과 당권을 얻기 위한 권력 다툼이 중심인 정당이라는 평가를 받았다. 그러나 더불어민주당은 이러한 평가에 대해 성찰하고 변화하는 모습을 보여주기보다 문제의 원인을 다른 정당이나 당원들의 탓으로 돌리는 식의 책임 회피적 태도를 보이며 당원들에게까지 실망감을 안겼다.

정치권력을 불신하는 시민들은 그럼에도 왜 정당을 지지하거나 당원으로 참여하는가? 시민들은 정당을 정치적 의견을 표현하고 의제화할 수 있는 사회적 창구로 여긴다. 그리고 입법 과정에서 정당과 국회의 중요성을 인식한다. 핵심은 이들이 원하는 것이 '탈정당' '탈정치'가 아니라, '정당 쇄신'과 '정치 쇄신'이라는 점이다. 이들은 당원으로 참여하며 변화를 요구한다. 이것은 시민들이 국민소환제를 요구하는 배경이기도 하다.

현 정치 체제가 산업화 시대의 조직 형태와 정치 전략에 기반을 두고 있다는 점에서 이미 구식이라는 마누엘 카스텔Manuel Castells의 분석처럼,[4] 시민들의 의견이 입법 과정에 제대로 반영되지 않는 시대에 각 개인들은 정치 참여를 새롭게 정의하고 그 가능성을 다양하게 모색하고 있다. 민주화 과정에서 시민들은 새로운 정당정치를 요청하고 기대했으나 쇄신되는 정당의 모습을 마주하기 어려웠다.[5] 이들은 정치 전반에 대한 불신을 품고서 혹은 그 불신의 한 가지 반응으로 다양한 정치 참여를 시도하며 특정한 정치인 개인에게 희망을 거는 경향을 보인다.

13명의 지지자들에게 청와대와 더불어민주당의 의견이 충돌하는 상황을 가정하고 어느 쪽 의견에 더 동의할 것인지 질문했을 때, 11명은 문재인 대통령의 의견에 더 힘을 실어주겠다고 말했다. 더불어민주당보다 대통령이 더 시민을 위한 정치를 한다고 평가했기 때문이다. 이들은 더불어민주당이 정치권력을 잃지 않고자 사회 변화에 소극적인 모습을 보인다고 생각했다. 다른 2명은 사안에 따라 판단하겠다고 답하면서도 문재인 대통령에 대한 신뢰를 저버리지 않았다.

〈그림 1〉은 제19대 문재인 정부가 수립된 이후 문재인 대통령의 국정 평가 긍정률과 당시 여당이었던 더불어민주당 그리고 제1야당이었던 국민의힘 지지율을 한눈에 볼 수 있도록 한

단위(%)

〈그림 1〉문재인 대통령 국정 지지율과 여당 및 야당 지지율

그래프다. 제1야당은 2017년에 새누리당과 바른정당으로 분리된 이후 자유한국당을 거쳐 국민의힘으로 이름을 바꿨으나, 그래프에는 알아보기 쉽게 제1야당으로 통일해 적었다.

대통령의 국정 평가는 긍정과 부정으로 조사되고, 정당 지지율은 각 정당의 지지도를 묻는 형태로 집계된다는 점에서 조사 방식에 차이가 있다. 그렇지만 〈그림 1〉을 통해 더불어민주당 지지율이 문재인 대통령의 국정 평가 긍정률보다 높았던 적이 없다는 사실을 확인할 수 있다.

앞의 논의를 정리하면, 문재인 대통령 지지자들은 더불어민주당 당원이라서 문재인을 지지한다기보다 문재인을 지지하기 때문에 더불어민주당을 선택하는 것에 가깝다. 그러나 더불어민주당은 자신들이 얻은 정당 지지율을 스스로 이룬 성과이자 결과로 착각하며 '반문' '친문' 등 계파 간 권력 투쟁에 중점을 둔다고 지지자들은 비판했다.

한편, 문재인 대통령이 더불어민주당이 아닌 다른 정당에 소속됐다면 그 정당을 지지했을지 질문했을 때 연구참여자들은 "그렇지 않다"고 답했다. 다른 정당은 대안이 될 수 없다는 평가를 바탕으로, 다른 정당 후보였다면 처음부터 지지하지 않았을 거라고 말하는 이들이 많았다. 또는 거대 정당 중심의 정치 구조를 인식하며 국회 입법을 위해서는 국민의힘에 대항할 수 있는 지지 기반을 형성해야 하므로 다른 정당을 응원하더라도 더불어민주당 당원으로서 의사를 표현하는 것이 필요하고 중요하다는 의견도 있었다.

일부 연구참여자들은 더불어민주당을 지지하고 있으나 거대 양당 중심의 정치 체제에 강하게 문제를 제기했다. 거대 양당 중심의 환경에서 현실적으로 더불어민주당을 지지할 수밖에 없고, 다양한 정당이 존재해야 여러 목소리가 입법 과정에 반영될 수 있는데, 현재는 그렇지 않다고 판단하기 때문이다.

결과적으로 거대 양당인 더불어민주당과 국민의힘은 집권 여당이 되기 위해 여론을 이용할 뿐 국민의 뜻을 제대로 대표하지 못하고 있다. 그동안 여러 연구는 한국 정치가 시민들의 다양한 사회적 요구를 의제화하거나 해결하지 못하고 있고, 의회와 정당이 사회통합 기능을 수행하지 못하고 있으며, 한국의 정당 정치와 민주주의 제도가 발전하지 못하고 있음을 밝혔다.[6]

한국의 정치 수준을 평가하는 시민 여론조사 결과(2021)에 따르면, 응답자의 41퍼센트가 '3류 수준', 29.7퍼센트가 '2류 수준', 22.2퍼센트가 '4류 이하', 4퍼센트가 '1류 수준', 3.1퍼센트가 '잘 모르겠다'고 답했다. '3류 수준'과 '4류 이하'로 응답한 비율을 더하면 무려 63.2퍼센트에 달한다. 또한 정치와 사회 갈등을 주제로 '정치가 사회 갈등을 부추긴다'는 응답이 80퍼센트, '사회가 정치 갈등을 부추긴다'는 응답은 15.1퍼센트였다.[7] 정당의 갈등이 한국사회의 통합을 저해하고 분열시키는 데 적잖은 영향을 끼치고 있음을 주의 깊게 고찰해야 한다.

더욱이 현재 거대 정당 간 적개심은 위험할 정도로 강화되고 있다. 정당은 서로의 의견이 다를 수 있음을 인정하고 서로가 헌법을 존중하며 사회를 생각한다고 믿을 수 있어야 하며, 법적 권리를 행사할 때는 절제와 인내를 바탕으로 신중을 기해야 한다. 스티븐 레비츠키Steven Levitsky와 대니얼 지블랫Daniel Ziblatt은 이 두 가지 규범을 각각 '상호 관용'과 '제도적 자제'로 이름 붙이며, 이 규범들이 무시되어 민주주의가 붕괴한 역사적 사례를 강조했다. 당파적 양극화는 상호 관용과 제도적 자제를 무너뜨리는 데 일조하며, 의회 분열은 헌법 질서를 위태롭게 만들 수 있다.[8]

대의제 민주주의에서 시민들의 뜻을 응집하고 대변하는 기능을 맡는 정당의 역할은 중요하다. 여론을 수렴하고 입법화하는 것은 정당의 몫이다. 이것이 제대로 수행되지 않을 때 시민들의 여론은 제도 정치에서 분리된다. 제도적 절차를 통해 여론이 반영되지 않으면, 시민들은 비제도적 절차 또는 비정치적 영역을 통해서만 의견을 개진하고 정치 의제를 형성할 수밖에 없다.

이러한 토대는 '제도 정치와 시민 정치'라는 이분법적 틀이 형성된 배경이기도 하다. 이런 이분화된 구도는 정당정치가 시민들의 여론을 제대로 반영하지 않아서 시민들이 비제도적 참여를 시도하고 있는 현실의 단면을 보여준다.[9] '제도 정치와 시민 정치'라는 틀은 한국사회를 설명하는 데 유효하지만, 한편으로 양자를 상반되는 것으로 오인하게 만들 위험 또한 있다. 즉 '시민 정치'의 부상이 곧 '제도 정치'의 위기를 뜻하는 것은 아니다. 중요한 것은 제도 정치와 시민 정치라는 이분법적 구도 아래 소수의 제도 정치 행위자들의 전유물로 여겨지는 정치 형태가 이제는 당연하게 통용되지 않는다는 점이다.

문제는 오늘날 사회 갈등을 동반하는 많은 정치 문제를 시민 참여와 정치 행동 탓으로 돌리고 책임을 전가하는 정당이 다수이며, 잘못된 정치 담론이 여러 재생산·유통되고 있는 현실이다. 이러한 상황은 사회를 더 건강한 방향으로 이끌기보다 정치 불신을 가중시키는 또 다른 배경이 된다. 정당의 근본적인 위기는 정당정치의 핵심인 대의정치가 외면될 때 발생하며, 정당정치가 변질된 근본적인 책임은 정당에 있다. 그 책임을 전가하는 방식으로 위기를 모면하려 한다면 결과적으로 정당의 입지는 더 줄어들 것이다.

유착된 권력

제재되지 않는 사회 권력의 위험

언론은 사람들에게 새로운 정보뿐 아니라 정치적 견해를 제공한다. 문제는 그런 언론 또한 신뢰를 받지 못하고 있다는 점이다. 이는 언론이 제공하는 정보와 견해가 투명하지 않다는 비판에 기반한다. 언론 불신은 특정 언론사를 향한 것이 아니며, 한국 시민들의 뉴스 불신은 세계 최고 수준이다. 2014년 세월호 참사 관련 오보 이후로 언론은 특히 강한 불신의 대상이 됐다.[10]

한국의 언론 전반을 평가한 여론조사 결과(2022)에 따르면, 언론은 '영향력' '자유로운 활동' '전문성' 항목에서는 높은 점수를 받았으나, 그에 비해 '정확성' '신뢰도' '공정성' 측면에서는 낮은 평가를 받았다. '사회 현안에 대한 정확한 정보 제공'과 '다양한 의견 제시' '정부·국회의원·고위 공직자 등에 대한 비판 및 감시' 등이 언론의 역할로 강조됐지만 실제 언론의 수행 여부 평가는 모든 항목에서 중요도에 비해 낮은 결과를 받았다. 한국 언론의 문제점으로는 '편파적 기사'(22.1퍼센트), '허위·조작 정보'(19.9퍼센트), '찌라시 정보'(12.1퍼센트) 등이 지적됐다.[11]

익명을 바탕으로 한 온라인 공간의 이슈 또는 가십거리를 그대로 옮기는 한국 언론의 관행은 포털 구조와 함께 병폐로 지적되어왔다. 이는 언론사 누리집에 접속해 기사를 읽는 시민보다 포털에서 유통되는 기사를 읽는 시민이 더 많아지면서 각 언론사가 더 많은 조회수를 얻기 위한 경쟁 구조에 놓이고, 그 때문에 자극적인 기사를 경쟁적으로 생산하는 환경 때문이기도 하다. 언론이 공적 책무를 다하지 않고 정치 및 자본 권력과 영합해 사익을 추구하는 방식으로 특정한 프레임을 씌우는 일부 행태 또한 지속적인 불신을 야기하고 있다.

한국의 언론 자유 보장도에 대한 다른 여론조사 결과(2021)를 참고하면, 시민들은 '별로 보장되지 않는다'(33.3퍼센트), '다소 보장된다'(26.8퍼센트), '매우 보장된다'(24.2퍼센트), '전혀 보장되지 않는다'(14.3퍼센트), '잘 모른다'(1.5퍼센트) 순으로 응답했다. '별로 보장되지 않는다'와 '전혀 보장되지 않는다'를 합치면 47.6퍼센트로, '매우 보장된다'와 '다소 보장된다'를 합친 51퍼센트와 비슷한 응답률이었다.[12]

실제로 한국에서 언론의 보도 환경과 자유 보장도는 정부에 따라 달라지는 경향을 보인다. 예를 들어 이명박 정부 시기의 한 가지 변화로, 독과점 등의 문제를 방지하기 위해 금지했던 신문과 방송 겸영이 당시 한나라당(국민의힘 전신)의 미디어법 날치기 통과로 허용됐다. 그리고 이를 바탕으로 종합편성채널(종편)인 TV조선(조선일보), JTBC(중앙일보), MBN(매일경제), 채널A(동아일보)가 등장했다. 법을 처리하는 과정부터 사업자를 선정하는 과정까지 위법과 편법이 동원된 사실이 드러나 논란이 일었는데, 개국한 2011년 이후로 종편의 편향된 보도 양상은 지금까지도 지속적인 문제로 지적되고 있다.[13]

그렇다면 지지자들은 문재인 대통령에 관한 정보를 어떻게 얻을까? 또한 그 정보에 대한 신뢰를 어떻게 확보할까? 지지자들이 언론을 불신하면서도 대통령에 관한 정보를 믿을 수 있는 것은 정부 부처의 계정이 별도로 운영되기에 언론을 통하지 않고 정보를 확인할 수 있기 때문이다. 지지자들은 청와대, 행정안전부, 국세청 등 관련 계정을 구독하며 직접 정보를 수집하고 다른 언론 보도와의 비교를 통해 자체적인 관점을 형성한다. 하지만 이와 같은 노력과 별개로 허위 보도가 무분별하게 확산되는 사회를 우려하며, 허위 정보 생산 및 확산을 강하게 규제할 수 있어야 한다고 강조한다. 시민들이 언론 개혁을 요구하는 것은 그만큼 언론의 영향력을 알고 있기 때문이며, 이들은 정의로운 언론을 원한다.

한편 문재인 정부는 기존 관료에 대한 경계심이 강해 대선 '캠'프에서 일했던 사람, 이념적 '코'드가 맞는 사람, '더'불어민주당과 연관된 사람만을 요직에 중용한다(이른바 '캠코더 인사')는 비판을 받았다.[14] 지지자들은 자신이 문재인 대통령을 지지한다고 해서 문재인 정부 및 그 관료들까지 신뢰하는 것은 아님을 명확히 했다. 물론 문재인 대통령이 당선되기 전보다 당선된 후에 정부를 신뢰한다는 응답이 많아지기는 했으나, 문재인 대통령과 무관하게 관료계 자체를 신뢰하지 않는 지지자들도 있었다.

헌법 체계가 이상적으로 작동하기 위해서는 입법부·행정부·사법부가 균형을 이루는 것이 중요하다. 입법부와 사법부는 대통령의 권력을 감시하고 견제하는 동시에, 행정부가 제 역할을 할 수 있도록 협조해야 한다. 대통령 견제라는 막강한 권력을 부여받은 관료와 대법관, 의회 지도자가 권력을 제재 없이 행사할 때 민주주의는 위험에 빠질 수 있다.[15]

한국에서 제재되지 않는 비선출 관료의 권력에 대한 위험 징후는 이미 발견됐다. 2021년 임성근 전 부산고법 부장판사를 대상으로 한국 최초의 법관 탄핵 시도가 이뤄진 것이 대표적인 사례이다. 박근혜 정부 시절이었던 2014년부터 2015년까지 임성근 판사는 재판에 개입하며 직권을 남용한 사실이 알려졌다. 그러나 그의 탄핵 사건을 담당한 재판관들이 "중대한 헌법 위반 행위임을 확인"했다는 의견보다 "이미 퇴직했기 때문에 각하한다"는 의견에 더 많은 힘을 실은 탓에 임성근 전 부장판사는 문책되지 않았다.[16] 이러한 현실을 상기할 때, 관료 집단의 막강한 권한이 충분히 감시받거나 통제되고 있다고 보기는 어렵다.

문재인 정부는 당시 집권 여당이었던 더불어민주당이 21대 총선 결과로 과반 이상의 의석을 얻으면서 민주주의 퇴행 backsliding에 관한 우려를 받았다. 스테판 해거드Stephan Haggard는 민주주의 평가 지표로 사용되는 브이뎀V-Dem 지수와 프리덤하우스 자유 지수를 활용해 1988~2022년의 한국의 민주주의를 분석 및 발표했다. 그 결과에 따르면 첫째, 선거 및 자유민주주의 지수는 노무현 정부에서 최고치를 달성했다가 이명박·박근혜 정부에서 퇴행한 이후 문재인 정부에 들어 다시금 회복되었고, 미국과 유럽연합의 수준을 앞질렀다. 둘째, 정치적 권리와 시민적 자유의 보호 지수는 박근혜 정부에서 소폭 감소했으나 역시 문재인 정부에서 회복됐다. 셋째, 이명박·박근혜 정부 때 삼권 분립 지수가 나빠졌지만 탄핵의 결과로 박근혜 정부 말에 의회 독립이 강화됐고, '평화적인 정권 교체' 이후 사법부의 권력이 강화됐다.[17] 종합하면 역대 어느 정부라도 공과를 비판적으로 평가받아야 하지만, 문재인 정부 때문에 민주주의가 퇴행했다거나 문재인 정부가 독재정권이었다는 일부 주장은 사실과 다르다.[18]

지금까지의 내용을 요약하면, 다수의 시민은 민의가 제대로 의제화·대변되지 않는 사회라고 인식하며, 정치계, 언론계, 법조계 등 유착된 사회 권력을 비판한다. 이러한 평가는 사회 권력 불신으로 이어지는데, 이때 불신이란 개인의 단기적·즉흥적 판단이 아니라 역사적 평가에 기인한 누적된 관점임을 중요하게 고려하고 살펴볼 필요가 있다.

문재인 대통령 지지자들에 대한 비판 중 하나는 이들이 언론계, 법조계, 검찰계 등 권력을 가진 기득권이 문재인 대통령을 공격하려는 의도를 갖고 있다고 주장한다는 것이다. 그러나 대통령을 견제할 수 있는 힘을 가진 집단이 특정한 목적의식을 공유하며 시민의 여론 형성 과정에 개입하고 통제 없는 권력을 휘두른다는 평가는 비단 문재인 대통령 지지자들만의 주장이 아니다. 더욱이 대통령 탄핵과 정권 교체라는 국면 이후에도 작동하는 언론과 검찰의 연합 강화 등을 상기하면 권력 유착 문제는 한국사회의 근본적인 구조적 문제임을 간과할 수 없다.

문재인 대통령을 지지하는 시민들은 정의롭지 못한 사회적 권력이 '문재인 대통령만을 공격한다'고 지적하는 것이 아니다. 그보다 이것은 '여전히 사회에 미치는 권한이 강하다'는 주장에 가깝다. 또한 문재인 대통령 지지자들은 저마다의 이유로 문재인 선출과 지지를 선택한 시민들이지, 애초부터 문재인 대통령 지지자는 아니었다는 점을 상기할 필요가 있다. 이들은 사회가 쉽게 변할 거라고 생각하지 않으며, 그런 사회에 단지 불만을 표출하는 데 그치지 않는다.

시민의 참여 의지 강화

절대 지지의 의미

지지자들은 독립적인 사고 능력이 있는 정치적 주체로서 저마다의 판단 기준에 따라 자발적으로 문재인 대통령을 지지하는 시민들이다. 이들은 정치 의제화 형성 및 입법화 과정에서 시민들의 의견이 제대로 반영되지 않는다고 평가하며, 정당, 국회, 언론, 사법, 검찰 등 사회 권력 전반을 불신하는 모습을 보인다. 이처럼 대의제 민주주의에 대한 신뢰도는 낮은 편이지만 그렇다고 해서 이들이 민주주의의 가치 자체를 부정하거나 반대하는 것은 아니다. 이들은 정치 무관심과 탈정치의 위험성을 자각하고 사회참여 의지를 강화한다. 사회적 의견을 개진할 수 있는 다양한 방식을 스스로 찾아가고 있으며, 그 결과 새로운 형태의 참여 행동이 증가하고 있다.

　오늘날 시민들은 사회 변화를 이루기 위한 한 가지 방법으로 사회적 가치를 실현할 수 있는 인물을 찾고, 신뢰할 수 있는 인물을 제도 정치의 행위자로 선출함으로써 사회문제를 해결하려는 특징이 있다. 자신이 직접 행위자로 나서기보다 일종의 대항자를 찾아 힘을 실어주려는 형태의 '인물 지지 정치' 현상이 두드러지는 가장 주요한 이유는 시민들 스스로가 현실에서 행사할 수 있는 실질적인 권한을 거의 갖지 못하고 있다고 느끼기 때문이다.

연구참여자들은 자신이 신뢰하는 인물이자 정치인인 문재인을 대통령에 당선시킨 것만으로는 사회가 대단히 바뀔 거라고 생각하지 않았다. 이들이 공고한 사회 환경과 '권력의 지형'을 고려하거나 언급하는 것은 단지 문재인을 옹호하기 위해서가 아니라 그 자체가 한국사회에 대한 하나의 평가인 셈이다. 선거 투표로 대표자를 선출하는 것 이상으로 시민들의 역할이 존재한다는 이들의 견해는 지지 양상의 질적인 전환을 가져왔다.

이들은 문재인 대통령이 당선된 이후의 시기를 사회 변화 가능성이 열린 과도기로 인식함으로써 지지 행위를 이어갔다. 사회 변화가 쉽게 이뤄지지 않음을 학습했다는 지지자 중 일부는 문재인 정부가 수립된 직후 언론이 시끄러워지고 단기적 혼란이 생긴 것을 반드시 거쳐야만 하는 불가피한 과정으로 인식했다. 이 과정을 거치지 않고선 변화를 기대할 수 없다고 생각한다면서 그와 같은 국면을 충분히 견딜 의지가 있음을 드러냈다.

13명의 연구참여자는 모두 문재인 대통령을 '절대적으로 지지한다'고 말했다. '절대적 지지'는 비판과 감시를 동반한 지지를 뜻하는 '비판적 지지'와 대조되는 개념이다. 즉 어떤 상황에서도 문재인 대통령을 지지하겠다는 강한 의지가 담겨 있는 표현이다. 문재인 대통령을 지지하는 시민들에게 발견되는 '절대적 지지'의 맥락을 요약하면 다음과 같다.

첫째, 인물에 대한 예외적일 만큼 강력한 신뢰가 있다. 문재인 대통령은 사사로운 개인의 이익이 아닌 공동체의 삶을 위한 가치를 추구하고 그에 부합하는 일관된 행보를 보여온 사람으로서 지지자들에게 인정받고 호명된 인물이다. 지지자들에게 문재인 대통령은 호명을 통해 제도 정치권에 등장한 '정의'를 상징하는 인물이며, '부정의'와 대항할 수 있는 역량이 있는 제도적 행위자이다.

둘째, 사회 권력에 대한 불신을 직접행동으로 옮기려는 의지가 강하다. 현재 한국의 정당, 의회 등은 시민들로부터 충분한 정치적 대표성과 권위의 정당성을 얻고 있지 못하다. 이는 시민들이 정치 체제를 통하지 않고 개별적인 사회참여를 시도하는 주요한 요인이기도 하다. 문재인 대통령을 지지하는 시민들은 부패한 기득권과 맞설 수 있는 강력한 제도적 행위자의 존재뿐 아니라 그를 강하게 지지하는 집단이 필요하다고 생각하며, 이를 통해 정치 체제 개선과 사회 변화를 추진하려 한다.

셋째, 대통령의 안정적인 국정 운영 수행 기반을 형성하려 한다. 이들은 과거와 달리 선거 투표에 그치지 않고, 선출한 대통령의 정부 수립 이후로도 지지를 이어감으로써 사회 변화 추진의 힘을 잃지 않으려 한다. 주권자로서 사회적 가치를 실현하기 위해 당선시킨 제도적 행위자의 정치적 성공을 희망하고 이를 가능케 하려는 책임감과 사명감이 결합해 지지를 강화하는 요인이 된다.

　넷째, 개혁을 추진하려는 제도적 행위자에 대한 정치 보복 가능성을 인지하며 위기 의식을 느낀다. 노무현 대통령의 서거뿐 아니라 언론의 편향되고 부정적인 보도 등을 지켜보며 정치 보복 가능성이 현실에서 존재한다는 걸 지각한다. 정치 보복 지속 전망에 대해 묻는 여론조사 결과(2021)에 따르면, 73.2퍼센트의 응답자가 '정치 보복이 지속될 것'이라고 답했으며, '아니다'는 17.2퍼센트, '잘 모름'은 9.6퍼센트였다.[19] 이를 종합적으로 판단할 때, 문재인 대통령 지지 여부와 무관하게 한국에서 정치적 보복이 있을 수 있다고 생각하는 시민이 다수임을 알 수 있다.

　결과적으로 지지자들의 절대적인 대통령 지지는 인물에 대한 신뢰를 바탕으로 하며, 대통령의 국정 운영에 힘을 실어주고, 이를 통해 부패한 대의 권력에 대항함으로써 사회를 변화시키려는 목적에서 행해진다. 이들은 무분별한 공격과 권력을 전제한 비난이 노무현 대통령 서거 전후뿐 아니라 지금도 존재한다고 느낀다. 지지자들이 사회적 의견을 공유하며 이를 추진하려는 제도적 행위자가 사회적 탄압 또는 정치적 타살을 당하지 않도록 보호하려는 의지가 '대통령 지키기'와 '절대적 지지'로 표상되는 것이다.

　이들은 부정의한 압력을 행사하려는 사회 권력들에 저항하며 반대 목소리를 내는 것이 수호해야 할 가치로서의 문재인 대통령을 지키는 방법이라고 생각한다. '제왕적 대통령제'가 지적되는 한국사회에서 지지자들이 "문재인 대통령을 지켜야 한다"고 말하는 이유는 그를 맹목적으로 숭배하거나 그의 지지자들이 소수 또는 약자라고 느껴서가 아니라 기득권을 놓지 않으려는 세력과 집단이 의사결정 과정에서 여전히 막강한 힘을 가지고 있다고 생각하기 때문이다.

전반적인 정치 환경이 개선되지 않는다면 이와 같은 '절대적 지지'는 사라지지 않을 것이다. 다시 말해 일부 시민들이 '비판적 지지'의 중요성을 몰라서 '절대적 지지'를 한다고 보기만은 어렵다. 이들이 정치에 무지해서 하는 행동으로 보는 것이야말로 현실을 제대로 읽어내지 못해서 생기는 오판이다. '비판적 지지'가 가능한 여건이 제도 정치 영역을 중심으로 형성될 때, 그러니까 정치인들의 성찰과 반성을 토대로 정치 환경이 개선될 때 '절대적 지지'에 대한 비판이 힘을 얻을 것이다.

물론, 이유를 불문하고 '절대적 지지'는 정당화될 수 없다. '절대적 지지'는 많은 이슈를 '대통령을 유리하게 하는가, 아닌가'로 흡수해버릴 가능성이 많다. 여러 사람의 우려처럼, 분출돼야 할 사회문제를 묵인하거나 더 나은 대안을 마련할 수 있는 토론을 제한해 결과적으로 사회 변화를 어렵게 하거나 지지자들이 고립되는 상황을 만들 수 있다. 대통령이 시민들에게 평가받아야 하는 위치에서 의무와 책임을 지는 사회적 인물임을 상기할 때, 정치적 사고와 주체적 판단을 통한 지지 행위가 더 나은 사회를 위한 동력이 될 수 있도록 지지 행위의 취지를 다시 검토할 필요가 있다.

한국에서 대통령을 평가하는 대표적인 자료는 1988년부터 시작된 한국갤럽의 '직무 수행 평가'이다. 직무 수행 평가는 '잘하고 있다'(직무 평가 긍정률)와 '잘못하고 있다'(직무 평가 부정률)로 조사되는데, 직무 평가 긍정률이 높을수록, 또한 직무 평가 부정률이 낮을수록 좋은 평가를 받은 것이다.

문재인 대통령은 취임 직후(1년 차 1분기)와 임기 말(5년 차 4분기)에 가장 높은 긍정 평가를 받았다. 우선 역대 대통령을 1년 차 1분기 직무 평가 긍정률이 높은 순으로 나열하면, 문재인 81퍼센트, 김영삼 71퍼센트, 김대중 71퍼센트, 노무현 60퍼센트, 이명박 52퍼센트, 윤석열 50퍼센트, 박근혜 42퍼센트, 노태우 29퍼센트이다. 그리고 5년 차 4분기 직무 평가 긍정률이 높은 순서로 나열하면, 문재인 42퍼센트, 노무현 27퍼센트, 김대중 24퍼센트, 이명박 24퍼센트, 노태우 12퍼센트, 김영삼 6퍼센트이다. 박근혜 제18대 대통령은 파면된 관계로, 윤석열 제20대 대통령은 임기 초기이므로 5년 차 자료가 없다.

상대적으로, 또 이례적으로 높았던 문재인 대통령의 마지막 직무 평가 긍정률(한국갤럽, 리얼미터 모두 적용)은 많은 '최초'를 기록하며 화제가 됐다. 직접선출제가 도입된 제13대 대선 이후 최초로 임기 5년 차 긍정 평가가 40퍼센트를 넘었고, 당선 득표율보다 마지막 직무 평가 수치가 더 높았다. 집권 여당인 더불어민주당의 지지율보다 대통령의 긍정 평가가 더 높았고, 선출된 차기 대통령 지지율보다 퇴임하기 전인 문재인 대통령의 지

대통령 당선인	직무 긍정률(%)			직무 부정률(%)		
	취임 100일	1년 차 1분기	5년 차 4분기	취임 100일	1년 차 1분기	5년 차 4분기
노태우 (제13대)	57 (4위)	29 (8위)	12 (5위)	16 (5위)	46 (1위)	56 (4위)
김영삼 (제14대)	83 (1위)	71 (2위)	6 (6위)	4 (8위)	7 (7위)	74 (1위)
김대중 (제15대)	62 (3위)	71 (2위)	24 (3위)	11 (7위)	7 (7위)	56 (4위)
노무현 (제16대)	40 (6위)	60 (4위)	27 (2위)	41 (3위)	19 (5위)	62 (3위)
이명박 (제17대)	21 (8위)	52 (5위)	24 (3위)	69 (1위)	29 (3위)	63 (2위)
박근혜 (제18대)	53 (5위)	42 (7위)	-	20 (4위)	23 (4위)	-
문재인 (제19대)	78 (2위)	81 (1위)	42 (1위)	15 (6위)	11 (6위)	51 (5위)
윤석열 (제20대)	28 (7위)	50 (6위)	-	64 (2위)	36 (2위)	-

· 박근혜 대통령은 2016년 12월 탄핵소추안 가결 후 식무 성지로 평가 사료 없음.
· 노태우 대통령의 5년 차 조사는 마지막 2분기 결과 기재.

지율이 더 높았다.[20]

　　일각에서는 문재인 대통령의 임기 말 직무 부정률 역시 높다고 지적했지만, 제13대 대선 이후 문재인 대통령을 제외한 모든 대통령의 직무 평가는 임기 초반 대비 하락세를 면치 못했다.[21] 게다가 문재인 대통령의 임기 말 직무 평가 부정률은 역대 가장 낮은 수치를 기록했다는 점에서 주목할 만하다. 역대 대통령을 5년 차 4분기 직무 평가 부정률이 낮은 순서로 나열하면, 문재인 51퍼센트, 김대중 56퍼센트, 노태우 56퍼센트, 노무현 62퍼센트, 이명박 63퍼센트, 김영삼 74퍼센트로, 문재인 대통령의 임기 말 국정 지지도는 가장 높은 수치를 기록했다.

박근혜 정부까지를 기준으로 했을 때, 대통령 임기 마지막 해에는 차기 대통령 후보에게 관심이 쏠리면서 현직 대통령의 존재감이 상대적으로 흐려지는 이른바 '권력 누수 현상'이 지속되었다. 이례적으로 높은 문재인 대통령의 국정 지지도는 한국에서 문재인 대통령이 최초로 권력 누수 현상 없이 임기를 마칠 수 있을 것인지, 또 이러한 현상이 차기 대통령 임기 때도 지속될 것인지에 대한 관심으로 이어졌다.

이전의 대선 풍경과 달리 제20대 대선에서는 문재인 정부 계승 또는 심판으로 많은 이슈가 흡수될 만큼 문재인 대통령의 존재감은 컸다. 문재인 대통령 임기 말의 강한 존재감에 대한 주된 요인으로는 문재인 대통령 그 자신 혹은 친인척의 비리가 없었다는 점이 강조됐다. 한편 문재인 대통령이 퇴임하더라도 지지를 이어가겠다는 지지자들의 의지가 문재인 정부의 임기 중에도 발견됐다. 이것이 높은 국정 지지도의 일부 변수로 작용했을 가능성을 무시할 수 없다. 그만큼 문재인 대통령이 당선되기 전부터 퇴임한 이후까지 높은 지지를 보냈던 시민들에 대한 관심과 주목은 꾸준히 이어져왔다.

POLITICS

4장

지지의 계보와 구도

통합과 분산

주요 '팬카페'의 계보

노무현 제16대 대통령을 지지했던 '노사모'는 '대표적인 노무현 지지자 모임'이 맞지만 그렇다고 해서 '노무현을 지지하는 시민들의 유일한 모임'은 아니었다. 이명박 제17대 대통령의 'MB연대', 박근혜 제18대 대통령의 '박사모'도 마찬가지다. 문재인 제19대 대통령을 지지하는 시민들의 모임 역시 다양한데, 이전과 구별되는 특징은 '노사모' 'MB연대' '박사모'처럼 지지자들의 대표적인 모임이 없다는 점이다. 이 차이점은 문재인 대통령을 지지하는 시민들의 달라진 참여 문화 및 지지 방식과 연결된다. 또한 그동안 문재인 대통령 지지자들이 "실체가 없다"고 서술되거나 이들에 대한 확인되지 않은 허위 정보가 무분별하게 확산된 배경이 되기도 했다.

문사모[1]

가장 최초로 등장한 문재인 대통령 '팬카페'[2]는 '문사모'다. 문사모는 '문재인 변호사님을 사랑하는 사람들의 모임' 또는 '문재인을 사랑하는 사람들의 모임'의 줄임말이다. 2004년 2월 12일, 그러니까 당시 노무현 정부의 민정수석비서관이었던 문재인이 기자간담회를 열고 노무현 대통령에게 사의를 표명해 승낙받았음을 알린 날에 문사모가 만들어졌다. 변호사로 복귀하겠다고 밝힌 문재인에게 정치 입문의 뜻이 없었던 시기이다.

2009년 5월에 노무현 대통령이 서거하자, 문재인 변호사가 상주 역할을 맡으면서 많은 사회적 관심을 받았다. 당시에 문사모 활동은 거의 없었는데, 최초 개설자에게 운영을 허락받은 새로운 카페지기가 등장하면서 운영진이 충원됐고, 회원이 급증하며 문사모는 다시 활성화됐다.[3]

당시는 문재인 변호사가 주로 부산과 경남 지역에 머물렀고, 문재인 변호사에 대한 정보를 찾기 어려웠던 시기다. 소수의 문사모 운영자를 제외하면 일반 회원이 문재인 변호사를 만나거나 정보를 알 수 있는 기회는 제한됐다. 당시 문사모 회원들의 주 연령층은 50대 전후였고, 오프라인 공간에서 만나 다소 경건한 분위기에서 담소를 나누는 형태로 문사모가 유지됐다.

젠틀재인[4]

문사모 회원이었던 세 사람이 '모두의 문재인'을 지향하며 새로 만든 팬카페가 '젠틀재인'이다. 문재인 변호사의 활동을 기록하고 정보를 공유하기 위해 만들어졌다. 2010년 7월 4일에 비공개로 개설됐으며, 6일 후인 7월 10일부터 공개 형태로 전환됐다. 개설된 시점부터 지금까지 활동하고 있는 젠틀재인 카페지기(규○아○)는 문재인 변호사에게 최초로 사인을 받은 지지자이기도 하다.

운영진들은 전국을 다니며 직접 문재인 변호사의 활동을 사진과 영상으로 기록하고 회원들과 공유했다. 회원들 또한 자발적으로 자료 공유에 동참한 결과 젠틀재인은 개설 취지대로 문재인 대통령에 대한 자료와 기록을 가장 많이 보유한 온라인 공간이 됐다. 또한 현재 가장 많은 문재인 대통령 지지자가 모여 있는 팬카페이기도 하다.

젠틀재인이 제공한 대표적인 자료로는 2011년에 출간된 《문재인의 운명》의 표지 및 다수의 내지 사진, 문재인 대통령이 트위터(@moonriver365)를 개설할 당시 선택한 첫 프로필 사진, 그리고 문재인 대통령 취임 기념 우표첩에 수록된 2014년 세월호 특별법 제정 촉구 단식 기간의 문재인 의원 사진 등이 있다.

문풍지대[5]

문풍지대는 젠틀재인에 이어 문사모에서 분화된 지지자들의 모임이다. 문재인에게 정치 입문 의사가 없던 시절에 만들어진 문사모나 젠틀재인과 달리, 문풍지대는 제19대 총선에서 문재인 후보가 국회의원으로 당선된 이후인 2012년 4월 28일에 창립됐다.

문풍지대는 2012년 문재인 제18대 대선 후보의 유세 현장, 2013년 문재인 국회의원의 검찰 출석 현장 등에서 응원과 지지의 목소리를 냈다. 오프라인 결집과 활동이 왕성한 회원들이 많아 현장에서 굵직한 존재감을 드러냈는데, 그 때문에 문재인의 대표적인 지지자 모임으로 오해받기도 했다.

현재 문풍지대 누리집은 존재하지만 추가적인 자료가 게재되지 않고 있으며, 트위터와 페이스북 계정이 남아 있지만 2018년 8월 이후로 더 이상 글이 등록되지 않았다. 뒤에서 다루겠지만, 문풍지대는 '문팬'으로 흡수됐다.

노란우체통(2013~2017)[6]

노란우체통은 제18대 대선에서 문재인 후보가 낙선한 이후인 2013년 1월 26일에 개설됐다. 참여 문화와 지지 방식의 차이로 문사모에서 분화된 젠틀재인·문풍지대와 달리 노란우체통은 '미권스'(정봉주와 미래권력들)에서 활동했던 이들이 만든 모임이다.

온라인을 중심으로 문재인에 대한 허위 정보를 수집하고 반박하며 사과 및 정정 보도를 받아내는 등 공격적인 활동을 전개했다. 이름에 '2013~2017'이라는 연도를 붙인 것은 애초 이 모임이 문재인 후보가 대통령에 당선되면 해체될 예정이었기 때문이다. 자료 보관 등의 목적으로 존속하는 대신 활동을 자중하자는 내부 논의에 따라 제19대 대선 이후 비공개로 전환됐다.

'문재인 팬카페'의 출범과 분산

문재인이라는 인물을 좋아하거나 지지하는 목적으로 시민들이 자발적으로 만든 팬카페 네 곳 중 가장 먼저 개설된 것은 문사모였다. 젠틀재인, 문풍지대, 노란우체통이 차례로 그 뒤를 이었다. 그리고 인원이 많은 순(통합되기 전 2015년 말 기준)으로 나열하면, 젠틀재인, 문사모, 문풍지대, 노란우체통 순이었다.

네 카페는 창립 시기만큼이나 문재인 대통령을 지지하는 방식과 문화에서도 다소 차이를 보였다. 문사모와 문풍지대는 오프라인 중심이었고, 젠틀재인은 온라인 중심이었으며, 노란우체통은 오프라인과 온라인 모두에서 활발히 움직였다. 특히 문사모에서 각기 분화되어 만들어진 젠틀재인과 문풍지대는 의견 차이가 명확해서 때로 각축했다. 그러나 문재인 대통령 지지

라는 공통점을 토대로 젠틀재인 주도의 연대 가능성이 꾸준히 모색됐다.[7]

문사모·젠틀재인·문풍지대·노란우체통은 제20대 총선을 앞둔 2016년 1월 1일에 '문재인 공식 팬카페'('문팬')를 출범하기로 협의했다. 의견 차이를 이유로 각자 움직이지 말고 힘을 합쳐 효율적이고 단합된 활동을 전개하자는 취지였다. 물론 이전에도 여러 연대 움직임이 있었는데, 공동성명서 발표와 연합 모임 개최가 대표적이었다. 이를 간단히 살펴보면 다음과 같다.

첫째, 2015년 5월 13일에 네 개의 팬카페는 "새정치민주연합 내 수구 기득권 세력들은 문재인 대표 흔들기를 즉각 중단하라"는 내용의 공동성명서를 발표했다. 둘째, 노무현 대통령 서거 6주기를 맞이해 열린 2015년 5월 23~24일의 봉하연합정모에 참여한 문사모와 젠틀재인이 자신들이 '친구 카페'로 동행할 것을 선언했다. 셋째, 2015년 9월 14일 네 개의 팬카페는 새정치민주연합의 단결과 혁신을 촉구하는 공동성명서를 다시 한 번 발표했다. 넷째, 이들 팬카페는 문재인 당 대표의 버팀목이 되자는 뜻을 담아 연합캠프를 추진했고, 2015년 10월 17~18일 열린 연합캠프에서 통합하기로 뜻을 모았다. 즉 네 개의 주요 팬카페는 문재인 대통령을 지지하며 정당 내의 정치 개혁을 촉구했다는 점에서 노사모와 마찬가지로 단순한 팬카페는 아니었다.

현재 문재인 대표님을 지지하는 사람들이 모인 온라인 팬카페는 문사모(문재인을 사랑하는 모임), 젠틀재인, 문풍지대, 노란우체통(창립 순) 등이 있습니다. …… 팬카페들이 나눠져 있는 현실적 한계 때문에 원활한 연대가 이루어지지 못하거나 함께하는 과정에서도 적지 않은 어려움을 겪었습니다. …… 카페지기들은 지난 10월 17일 팬카페 연합캠프 때 모임을 갖고 문재인 팬카페의 연대에서 통합으로 나아가기로 뜻을 모았습니다.[8]

연합캠프에서 네 카페의 통합을 제안했던 젠틀재인(규○아○)은 통합을 자축하는 의미를 담아 직관적인 문재인 지지 모임을 드러낼 수 있는 '문재인 팬카페'를 이름으로 제안했고, 여기에 '공식'이라는 수식어를 붙이면서 '문재인 공식 팬카페'로 통합 모임 명칭이 확정됐다. 그리고 네 개의 카페는 비공개 형태로 전환할 것을 결정했다.

문팬[9]은 2015년 11월 13일에 비공개로 개설됐고, 그동안 네 개의 각 모임을 운영했던 총 네 명의 카페지기가 문팬에 가입했다. 문팬이 만들어진 사실은 문재인에게 전달되었고, 2015년 12월 31일에 그의 인사글이 문팬에 게시됐다. 예정대로 문팬은 2016년 1월 1일에 공개 형태로 운영되기 시작했다. 문팬이 네 개 모임의 연합체임은 2016년 4월 1일에 등록된 카페 키워드를 통해서도 알 수 있다.

2016. 4. 1. 키워드 변경. 느○나○(서○강○) 님이 카페 키워드를 변경하였습니다. 문재인 | 더불어민주당 | 대통령 | **노란우체통** | 사람이먼저다 | **문사모** | 경제 | **젠틀재인** | 팬카페 | **문**

풍지대 (검색일: 2021. 12. 20.)

그러나 문팬이 출범한 지 6개월 만에 네 개 모임의 통합 선언은 결렬됐다. 이 역시 기록으로 남았는데, 2021년 12월을 기준으로 문팬 카페 키워드에는 문사모·젠틀재인·노란우체통이 삭제되고 문풍지대만 남았다. 현재는 문풍지대도 삭제됐다.

문팬 가입조건 검색어. 문재인 | 대통령 | 김정숙 | 민주당 | 평산마을 | 노무현 | 친문 | 문재인 팬카페 | **문팬** | 양산[10] (검색일: 2022. 12. 21.)

문재인 대통령을 지지하는 네 개의 모임이 통합 목적으로 뜻을 모았으나 파기된 이유는 크게 두 가지다.[11] 첫째, 통합 이후로도 지지 활동 방향과 모임 운영 방식 등에 대한 관점이 상이했다. 단적으로 문사모, 그리고 특히 젠틀재인과 노란우체통은 익명의 온라인 중심 지지자 모임을 지향했다. 반면 문풍지대는 오프라인 조직화를 추구하며 전폭적인 지원 조직으로 나아가길 희망했다. 이런 차이는 회원 명부 열람 사건으로 부각됐는데, 개인 정보인 회원 명부를 지지 활동에 쓸 수 없다는 문사모·젠틀재인·노란우체통의 입장과 달리 문풍지대는 지지 활동 과정에 회원 명부가 필요하다는 입장을 내세웠다.

둘째, 초기의 통합 취지와 다른 의견이 난립했을 뿐 아니라, 문팬의 카페지기 선출 과정에서 중재를 자청한 정치인의 부정적 개입 및 조직화 시도가 있었다. 최초의 통합 제안 및 합의 사항의 핵심은 새로운 젊은 세대로 운영진을 구성하고 온라인 중심으로 문팬을 운영하자는 것이었다. 그러나 온라인 활동과 SNS 문화에 대한 서로 다른 의견은 갈등 요인으로 쟁점화됐다. 통합되기 전에 팬카페를 운영했던 네 명이 추천제를 통해 문팬 카페지기 후보로 결정됐는데, 문팬이 특정한 세력의 정치적 도구로 활용될 위험이 감지되면서 문사모·젠틀재인·노란우체통 카페지기는 저항하며 카페지기 선출 이전에 후보를 사퇴했다.

2016년 6월 21일, 카페지기 후보 중 유일하게 남았던 문풍지대 측 후보(지○산○달○)에 대한 가부(찬성과 반대) 투표가 문팬에서 추진됐다. 그리고 회원 수 대비 10퍼센트 정도의 찬성률로 문팬의 최초 카페지기로 확정됐다. 당시 회원들이 카페지기 선출 과정 및 방식에 문제를 제기하는 글을 작성했지만 종편에서 이를 관심 있게 보도하자 그에 따른 부담으로 선거 관련 글은 일부 회원들에게만 공개됐다. 결과적으로 잔류를 선택한 문풍지대 회원들이 문팬에 남아 카페지기를 확정하면서 문팬은 개별 카페로 존속했다.

한편 2016년 6월 25일, 문사모·젠틀재인·노란우체통은 각 카페에서 투표 절차를 거쳐 기존 카페로 복귀하고 공개 형태로 재운영하기로 합의했음을 발표했다. 또한 '정치적인 행위를 일삼지 않는 순수한 지지자들의 모임'을 강조한 세 카페는 '믿을 수 있는 사람이 각 카페를 종신 운영할 것'을 협의했다.

당시 문재인은 통합 지지자 모임으로 꾸려졌던 문팬 창립

총회 참석을 약속했는데, 총회 이전에 통합이 파기됐음에도 약속대로 참석하여 지지자들에게 '온라인 선플 운동'을 제안했다. 서로를 존중하는 아름다운 경쟁이 있어야 정치가 발전하며, 포용성과 역지사지를 바탕으로 상대를 비난하거나 피해를 주는 악플 대신 선플이 많아지는 온라인 공간 문화를 만들어보자는 문재인의 발언은 당시 언론 보도를 통해서도 전해졌다.

저는 우리 문팬이 처음 정치를 하지 않을 때 있는 그대로의 문재인을 좋아하고 지지해주는 것으로 시작을 했던 것이 그냥 단순히 정치인 문재인을 지지하는 그런 팬클럽 그 이상의 의미가 있다고 생각합니다. …… 깨어 있는 시민으로서 또는 행동하는 양심으로서 우리 정치에 참여하고 문재인이라는 정치인을 매개로 해서 우리 정치를 더 좋은 정치로 만들고 그것이 더 좋은 세상을 만들고 새로운 대한민국을 만드는, 이렇게 꿈꾸는 일종의 시민 정치 활동 또는 시민 정치 운동이라고 생각합니다. …… 제가 그런 의미에서 정말로 감사를 드리면서 한 가지 꼭 좀 당부하고 싶은 게 있는데요. 요즘 우리 SNS를 보면 너무 살벌하지 않습니까? …… 자기하고 생각이 다른 사람들에 대해서 아주 적대하고 너무 분열시키는 그런 말들이 넘쳐나는 것 같습니다. 심지어는 정권 교체를 바라는 사람들 안에서 지지하는 정치인이 다른 지지자들 간에 적대하고 분열적인 그런 말들이 넘쳐나고 …… 그러니 갈등과 분열을 조장하는 작전 세력도 또 그런 틈을 타서 활동을 하고, 그것이 갈등과 분열을 더

증폭시키고, 저는 이래서는 안 된다고 생각합니다. 항상 경쟁은 아름다운 경쟁이어야 합니다. 그 경쟁이 끝나고 나면 다시 협력할 수 있는 그런 경쟁이 되어야 합니다. …… 우리가 세상을 바꾸려면 보다 많은 사람들을 그 세상을 바꿔가는 과정에 참여도 시키고 포용하고 확장할 수 있게 되어야 하는데, 그런 식으로 경쟁하는 상대를 폄하하고 적대하고 그러면 상대도 거꾸로 그런 공격에 맞서서 적대를 하고 …… 그것은 자기가 지지하는 정치인을 키워주는 것이 아니라 오히려 가두고 확장을 가로막고 어찌 보면 '이적행위'라고 말할 수 있습니다. …… 지금 SNS 공간에서 제일 겁나고 두려운 대상이 누굽니까? 바로 저 문재인 아닙니까? 그렇죠. 저에 대해서 공격하는 거 그런 거 읽어보면 얼마나 속상하십니까? 그렇게 공격하는 사람들은 꼴도 보고 싶지 않지요? 그러니 또 역지사지한다면 상대도 마찬가지입니다. 우선은 다른 사람들이 무례하더라도 우리 문팬부터 선도해나가면 '야, 정말 문재인을 지지하는 사람들은 다르다' '문재인을 지지하는 사람들을 보면 문재인도 달라 보인다' 그렇게 만들어주실 겁니까? …… 하나만 더 말씀드리면 통합이 완전한 통합이 아니라도 괜찮습니다. 다 함께해주지 않는다고 해서 또 섭섭해하지 마시고 무리해서 함께하지 못하더라도 여러 가지 생각이 다른 분들이 따로 또 활동을 하더라도 크게 보면 한 식구다 생각하시고 …… 항상 포용성을 가지고 그렇게 함께해주시면 저한테 더 큰 힘이 되겠습니다. 그렇게 해주실 거죠? 고맙습니다.[12]

2017년 4월 MBN 인터뷰에서 문재인 당시 제19대 대선 후보는 직전의 민주당 대선 경선에서 지지자들의 공격적인 활동을 지적한 앵커에게 "치열하게 경쟁하다 보면 있을 수 있는 일들이다. 우리 경쟁을 더 이렇게 흥미롭게 만들어주는 양념 같은 것이었다고 생각한다"[13]고 답한 것으로 알려져 거센 비판을 받았다. 그러나 그보다 앞선 2016년 9월 문팬 창립총회에서 했던 그의 발언은 그가 지지자들의 참여 행동에 대해 어떻게 생각하는지를 더 분명하게 드러낸다. 지지자들의 존재를 '자신을 매개로 더 좋은 사회로 만들려는 시민 정치 활동 또는 시민 정치 운동 행위자'로 정의하는 한편 상대 비방과 폄하를 바탕으로 한 적대·갈등·분열은 아름다운 경쟁을 방해하며 지지하는 정치인을 돕지 못하는 '이적행위'로 강도 높게 비판했다.

지금까지 정리한 문재인 대통령 주요 팬카페 계보도를 도식으로 정리하면 〈그림 2〉와 같다. 각각 다른 시기에 자생적으로 형성된 문재인 대통령 지지 모임은 연대의 중요성을 느끼며 통합을 시도했지만 상이한 의견 차이로 현재 분산되어 운영되고 있다. 문팬 이름에 아직 '공식' 수식어가 유지되고 있어 오해의 여지가 있으나, 2016년에 통합 결렬이 선언된 이후로 문팬은 통합 팬카페가 아닌 개별 팬카페의 지위를 가지고 있다.

여전히 특정 팬카페가 공식이냐 아니냐로 말이 많은데요, 공식은 통합 추진 당시 우리들끼리 자화자찬으로 붙인 것이지 통합이 무산된 후로는 아무런 의미도 없는 단어입니다. …… 우

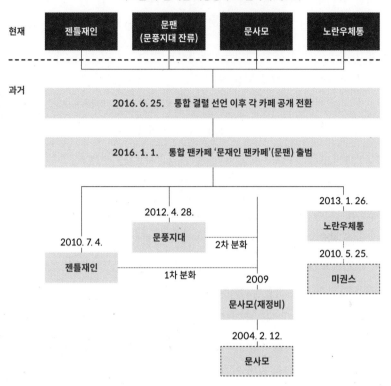

〈그림 2〉 문재인 대통령 주요 팬카페 계보도

린 실체 없는 온라인 공간상의 지지자일 뿐 젠재[젠틀재인-필자]가 문재인 지지자를 상징하는 곳도 아닙니다. 실제로 문꿀오소리[문재인 대통령 지지자-필자] 분들 중에, 대통령님 팬카페가 있다는 사실을 모르는 분들이 거의 대부분입니다.[14]

중요한 것은 정치인들이 '문재인 지지자 모임'을 자신들의 입맛에 맞게 재조직화 혹은 세력화하려는 것을 다수의 문재인 대통령 지지자들이 경계할 뿐 아니라, 지지자들의 권력화 자체를 지양하는 경향이 있다는 것이다. 처음부터 '문재인 팬카페'로 통합을 도모하려 했던 데서도 "정치질을 배제하고 오직 문재인으로 뭉치자"는 취지를 읽을 수 있다.

이런 경향에서 과거에 '자기 정치'를 도모하기 위해 노사모를 이용하려 했던 정치인들 혹은 노사모 활동 이후 제도 정치 입문에 관심을 가졌던 사람들에 대한 비판적 평가를 엿볼 수 있다. 즉 문재인 대통령을 지지하는 시민들은 문재인 대통령 지지 행위를 통해 특정한 이익을 얻겠다는 욕심을 버리고 지지하는 사람을 욕먹이지 말자는 내부 감시 및 비판의식을 가지고 있다.

일례로 문팬에서 처음 카페지기를 했던 회원이 2018년 코레일 자회사 이사직을 맡은 사실이 알려지며 낙하산 인사 의혹이 생겼을 때 지지자들 사이에서 많은 비판이 일었다. 당사자가 논란에 대한 책임을 지고 문팬을 떠나겠다는 입장을 표명했으나, 문팬 대표였던 사실을 알리지 않고 개인 자격으로 자회사 이사직을 맡은 것을 쉽게 용납할 수 없다는 게 주된 견해였다.

문재인 대통령을 지지하는 시민들은 대체로 사회적·경제적 이익 추구와 거리를 두는 방향으로 연대했으며, 실제로도 권력을 취득하기 위한 목적으로 움직이지 않는 경향이 강했다. 이들이 단일한 조직 또는 지도부를 지향하지 않은 하나의 이유이기도 하다. 그만큼 문재인 대통령 지지자들은 자신을 하나로 규정하려는 외부의 시도에 민감하게 반응한다.

비정형적 네트워크

네트워크 사회의 개인화된 시민 참여

비공개 전환 상태로 활동이 잠잠한 문사모와 노란우체통을 제외하면 현재 활동을 지속하는 문재인 대통령 주요 팬카페로는 젠틀재인과 문팬이 있다. 두 팬카페는 시민들이 자생적으로 만든 모임이며, 문사모에서 분화됐고, 문재인 대통령을 절대적으로 지지한다는 글을 공지로 게시한 공통점이 있다. 그러나 서로 대립하며 발전한 만큼 다른 점이 더 많다.

우선 젠틀재인은 개인 및 온라인 중심이며, 친목을 금지한다. 그러나 문팬은 조직 및 오프라인 중심으로, 친목도 도모한다. 물론 젠틀재인의 오프라인 활동과 문팬의 온라인 활동이 없지는 않다. 그러나 활동 방향에서의 차이는 분명히 존재한다. 대통령 지지자들이 온라인 모임 혹은 오프라인 모임을 갖지 않는다는 기존의 단순한 분석은 사실과 다르다.

젠틀재인과 문팬은 온라인 포털 '다음'에서 카페 형태로 개설됐다. 그러나 두 카페의 가입 방식과 운영진 구성은 다르며, 때로 변경되기도 한다. 젠틀재인과 문팬은 모두 공개 카페였지만, 2022년 6월 전국동시지방선거 이후 젠틀재인은 비공개 운영으로 전환됐다. 반면 문팬은 지금도 공개 카페로 운영되고 있다.

젠틀재인이 공개 카페로 운영될 당시 회원으로 가입하려면 닉네임만 쓰면 됐지만 문팬은 여전히 닉네임뿐 아니라 이메일 주소, 연락처, 거주지(시/구/동)를 써야 회원이 될 수 있다. 또한 젠틀재인의 운영진은 구성에 변화가 적고 각 운영진이 닉네임만 사용하지만 문팬은 투표를 통해 운영진을 바꾸며, 닉네임에 거주 지역과 대표 유무를 의무적으로 표기한다.

젠틀재인과 문팬의 가장 두드러진 차이는 정치인 및 정당과 관계 맺는 형식에 있다. 젠틀재인은 정치인들과의 교류를 경계하는 한편, 정당만큼 정치인 각 개인의 자질을 중요하게 보는 경향이 있다. 부정부패 세력은 '외부'뿐 아니라 '내부'에도 있으며, 선거에 이기는 것은 물론 선거 후보자 선출 과정도 중요하다고 생각하는 사람들이 모여 있다. 반면 문팬은 정치인들과의 교류를 긍정적으로 보는 분위기에 가깝다. 또한 문재인 대통령을 지지하는 것만큼 더불어민주당을 중심으로 결집하기도 한다.

두 카페의 이러한 입장 차이는 이재명 전 경기도지사를 둘러싸고 극명하게 표출됐다. 5장에서 자세히 다루겠지만, 젠틀재인과 문팬을 포함해 문재인 대통령 지지자들은 2018년 경기도지사 선거 전후로 이재명이라는 인물의 지지 여부를 기준으로 분화하며 각축하는 양상을 보였다. 예를 들어, 젠틀재인에서는 이재명 전 경기도지사를 칭찬하면 강퇴(강제 퇴장)됐고, 반대로 문팬에서는 이재명 전 경기도지사를 비판하면 강퇴됐다.

13명의 문재인 대통령 지지자 중에서 젠틀재인을 아는 사람은 12명이었고, 문팬을 아는 사람은 4명이었다. 흥미롭게도 문팬을 알고 있는 4명 중 2명은 문팬을 문재인 대통령의 팬카페가 아닌 이재명 전 경기도지사의 팬카페로 잘못 알고 있었다. 그 외 1명은 문재인 대통령 팬카페의 존재 자체를 모르고 있었다.

문팬이 종종 문재인 공식 팬카페로 잘못 인식되는 것과 달리 지지자들에게 가장 인지도와 영향력이 있는 문재인 대통령 팬카페는 젠틀재인이었다. 실제로 회원 수, 방문 수, 활동력 모두 젠틀재인이 더 우세했다. 물론 팬카페를 아는 사람들이 모두 가입한 건 아니었다. 13명 중에서 9명만 가입한 경험이 있었는데, 조사 당시 팬카페에서 직접 활동하는 사람은 5명이었다. 남은 4명 중에서 1명은 글을 읽기만 했고, 1명은 6개월 이상 접속하지 않았으며, 2명은 탈퇴했다.

문재인 대통령 팬카페가 오늘날 지지자들의 거점 공간이긴 하지만 대표적인 조직으로서 의미를 갖는다고 보긴 어렵다. 일단 팬카페에 대한 정의가 지지자마다 다르다. 문재인 대통령 팬카페인 문사모는 아예 언급되지 않았다. 팬카페가 있는 건 알지만 무엇을 하는 곳인지는 모른다는 사람도 있었다. 또는 팬카페의 존재 자체를 모르거나, 왜 (가입)해야 하는지 필요를 느끼지 못하는 지지자들도 있었다.

현재 팬카페라는 공간의 역할과 의미는 노사모 때와 다르다. 조직에 소속되거나 구속되기를 싫어하는 사람이 많아짐에 따라 단일한 조직을 꾸리기 어려워졌을 뿐 아니라, 팬카페를 통한 지지자들의 공식적이고 정치적인 선언 등도 거의 불가능한 것에 가까워졌다.

제19대 대선을 앞두고 문재인 당시 후보는 자신의 공식 유튜브 채널[15]에 각각의 온라인 네트워크에 전하는 인사말 영상을 게재한 바 있다. 총 11개의 특정한 정치적 성향을 띠지 않는 온라인 네트워크가 대상이었고, 여기에 팬카페는 포함되지 않았다. 영상은 '오늘의유머' '뽐뿌' 'MLB파크' '삼국카페'(소울드레서, 화장발, 쌍화차코코아), '클리앙' '보배드림' '82COOK' '루리웹 북유게' '딴지일보 게시판' 순으로 올라갔다.

물론 이 네트워크에 접속하거나 이용하는 모든 사람을 문재인 대통령 지지자로 보긴 어렵다. 문재인 대통령을 좋아하거나 지지하는 목적으로 만들어진 팬카페와 달리 다양한 주제로 소통하는 곳이기에 문재인 대통령을 지지하지 않는 사람도 존재할 수 있으며, 또한 정치적 요소보다 비정치적 요소가 강한 네트워크도 다수 있기 때문이다. 다만 그 점을 감안하더라도 위와 같은 네트워크들에서 제19대 대선 전후로 문재인 대통령을 지지하는 분위기가 강했던 것은 사실이다.

오늘날 온라인 네트워크에서는 정치적 영역과 비정치적 영역이 뚜렷이 구별되기보다 서로 혼재하고 교차한다.[16] 주로 익명을 기반으로 하는 비정치적 온라인 네트워크는 정치적 목적을 띠고 개설된 곳은 아니지만 네트워크별 규정에 따라 정치를 주제로 한 소통이 펼쳐진다. 이용자들에 의해 자발적인 사회참여 기회가 만들어지기도 하고, 정치적 집단행동과 사회운동 양식이 확산되기도 한다. 이러한 양상이 비단 한국에서만 발견되는 것은 아니다.[17]

13명에게 문재인 대통령을 지지하는 네트워크를 아는지 물었을 때 13명의 대답은 전부 달랐다. 각기 다른 네트워크를 이야기했을 뿐 아니라, 서로 알고 있는 네트워크도 달랐고, 심지어 관심이 없다고 답한 이도 있었다. 실제로 지지자들이 이용하는 온라인 네트워크는 전부 달랐다. 한 곳에 접속하는 사람도 있지만 다양한 곳에 접속하는 사람도 있었고, 온라인 네트워크를 거의 하지 않는다는 사람도 있었다.

자주 접속하는 네트워크라고 해도 거기에 소속감을 부여하지 않는 모습도 보였다. 그리고 비슷한 의견이 모이는 곳보다 다른 의견이 많은 곳을 선호하는 지지자도 있었다. 자신의 의견을 비판적으로 검토함으로써 확증 편향을 경계할 수 있다고 보기 때문이다. 개인의 성향에 따라 네트워크 접속 여부부터 활용 형태까지 각기 달랐고, 각 네트워크의 성격, 규정, 쟁점 등도 다양했다.

문재인 대통령 지지자들은 대표적인 모임을 두지 않는 상태로 더욱 느슨한 관계와 연대를 추구했다. 또한 가입과 이탈이 자유로웠던 노사모 때보다 더욱 비정형적인 네트워크를 형성하고 있었다. 분명한 소속이 없어도 빠르게 전파되는 정보를 공유할 수 있는 기술 환경 변화로 가능해진 양상이다. 사회문화적으로 강화되는 개인화 추세와도 연결된다.

한편, 지지자들에게 문재인 대통령을 반대하는 성향의 네트워크에 대해 질문했을 때 지지자들은 '일베'와 '펨코' 등의 온라인 네트워크뿐 아니라, '보수당' '수구 정당'과 같은 정당, 박근혜 제18대 대통령 지지자 모임으로 알려진 '태극기 부대', 온라인 플랫폼 '유튜브' 등 다양하게 답했다. 문재인 대통령을 지지하는 성향의 네트워크에 대해 물었을 때 온라인 네트워크만을 이야기했던 것과 사뭇 대조되는 답변이었다.

이어서 눈여겨볼 만한 지점은 "문재인 대통령 탄핵 서명을 받고 있는 지하철역 앞의 교회 단체들" "태극기 부대와 기독교 단체를 이용하는 그 뒤의 집단" 등 여러 지지자가 문재인 반대 네트워크로 교회를 언급했다는 사실이다. 실제로 한국기독교총연합회('한기총')는 문재인 대통령 임기 중에 문재인하야범국민투쟁본부를 이끌었다. 또한 코로나19 국면에서 문재인 정부와 보수 개신교 다수는 '공중 보건' 대 '예배 자유'라는 대결 구도를 띠며 긴장 관계에 있었다.[18]

앞선 답변은 1989년 말에 등장한 한기총을 중심으로 개신교 보수 집단이 사회참여 노선으로 결집한 이후 정치적 행동주의political activism로 나아간 것에 대한 평가가 수반된 것으로 해석된다. 강인철은 보수 개신교의 극우적 정치 참여와 '혐오정치'가 집단 내부를 결집하는 한편 정치 지형의 양극화를 심화시키는 동시에 종교 이탈과 사회 분열 등을 야기하고 있음을 지적한 바

있다.[19]

주목할 만한 또 다른 대목은 문재인 대통령을 반대하는 네트워크로 이재명 전 경기도지사 지지자 모임이 언급됐다는 점이다. 일부 문재인 대통령 지지자들은 일부 이재명 전 경기도지사 지지자들이 문재인 대통령을 지지하지 않을 뿐만 아니라, 문재인 대통령 지지자들의 네트워크를 와해시키기 위해 조직적 개입을 시도한다고 의심했다. 이러한 불신은 대선 후보 경선 등 여러 국면에서 경쟁했던 문재인-이재명 관계 구도에 기인한다. 어떤 인물을 지지하고 비토veto할 것인가를 두고 격렬하게 전개되는 쟁투와 갈등은 정당 안에서도 발견된다. 그리고 이 틈을 타고 균열 강화를 목적으로 외부 세력의 개입이 이뤄지기도 한다.

어떤 한 네트워크의 초기 형태가 시간이 지나서도 그대로 유지되기란 어려울 수 있다. 활동하는 사람도, 논의되는 쟁점도, 전반적인 분위기도 언제든지 달라질 수 있기 때문이다. 네트워크 이용자들이 상호 논의를 거쳐 다른 운영 방식을 택하기도 한다. 문제는 그 변화가 자생적인 힘에 따른 것이 아니라 외부 세력의 개입에 따라 발생하는 경우다. 많은 사람이 자신이 즐겨 찾는 네트워크가 언제 어떻게 변할지 모른다는 위기 의식을 감지한다. 이는 적지 않은 온라인 네트워크 운영진이 불특정 다수에게 알려짐을 '선택하지 않고' 비공개 형태로 네트워크를 관리하거나 참여자의 조건을 까다롭게 설정하는 이유이다. 온라인 공간을 먹거나, 반대로 먹히는 전쟁에서 각 네트워크 이용자들은 외부 유입에 따른 전환을 막기 위해 치열하게 움직이고 있다.

한국에서 인터넷이 도입된 초기에 온라인 공간은 지난 권위주의 역사에서 억압됐던 다양한 이념과 사상을 공유하는 자원으로 활용됐다. 사회 변화를 이루려는 진보 성향의 사람들은 온라인 공간을 통해 집합행동과 사회참여를 시도했고, 이에 따라 온라인 행동주의online activism가 싹텄다. 그러나 2000년대 이후 보수 성향의 사람들도 온라인 및 오프라인 행동주의의 중요성을 인식하며 조직적인 움직임을 보이고 있다.[20] 온라인 공간에서 펼쳐지는 전쟁의 과열 양상에서 확인할 수 있는 것은 이러한 온라인 행동주의 지형의 변화다.

중요한 것은 네트워크를 없앤다고 해서 네트워크를 이용했던 사람들까지 사라지지 않는다는 점이다. 설령 타의에 의해 네트워크가 없어지더라도 행위자들은 새로운 네트워크를 통해 참여를 시도하고 존재를 드러낼 가능성이 크다. 더더욱 그것이 억압적인 환경에 의한 결과라면 반동적으로 행위자들의 참여 의지는 더욱 강화될 수 있으며, 통제로 응집된 사회 불만이 더 크게 폭발할 수 있다. 다양한 네트워크를 오가는 이들은 어디에서라도 언제든지 존재를 드러낼 수 있다.

3

개별 단위의 각개 전투

연대의 재구성

현대사회를 네트워크 사회network society로 명명한 마누엘 카스텔은 사회 전반의 분야가 네트워크를 통해 구성되어 움직이고 있으며, 네트워크는 강하게 조직된 구조와 달라서 멀리서 보면 하나의 집단적 행위자처럼 보여도 순식간에 해체되고 재구성될 수 있다고 강조했다. 네트워크의 실질적인 구성 요소는 기초적인 단위를 의미하는 노드nod이다. 네트워크 사회에서 집합행동의 노드는 개인이기에 조직의 중요성은 약화되고 깨지고 개인이 주체로 사회운동을 만든다는 것이다.[21]

랜스 베넷W. Lance Bennett과 알렉산드라 시저버그Alexandra Segerberg 역시 개인이 사회운동의 주체로 전면화되는 현상을 포착하고 이를 '정치의 개인화' 또는 '집합행동의 개인화' 개념으로 설명했다.[22] 과거의 집합행동 논리collective action와 대조되는 개념인 현대의 '연결행동connective action'은 강한 조직적 통제나 통합된 '우리'의 상징을 필요로 하지 않는다. 물론 베넷과 시저버그는 연결행동이 전통적인 집합행동을 완전히 대체한다고 보기보다 조직적 개입을 통한 혼성적 연결행동도 가능하다고 봤다.[23]

오늘날 개인들은 조직이나 지도부, 위계질서 등을 기피하며 직접행동을 추구하는 양상을 보인다.[24] 문재인 대통령을 지지하는 시민들 또한 단일한 조직 없이 독립된 개인으로서 자유롭고 자발적인 연대를 선호한다. 이들에게는 대표적인 지지자들의 모임도, 지지자들을 대변하는 조직도, 움직임을 지도하는 사람도 없다. 이들은 조직에 구속되는 것을 싫어하며 타인의 주도에 따라 실행하지 않는다.

이를테면, "이니 말도 안 들어요"는 문재인 대통령에 대한 지지자들의 무한한 신뢰를 기반으로 하는 "이니 하고 싶은 거 다 해"라는 말만큼 문재인 대통령 지지자들이 자주 하는 말이다. 지지하는 인물의 말조차 듣지 않는다는 것을 드러낼 만큼 지지자들은 개인의 주체성과 자발성을 중요하게 생각한다. 즉 정보 취합과 교환을 토대로 각자가 선택해 산발적으로 움직이는 지지자들의 참여 문화를 엿볼 수 있다.

문재인 대통령 지지자들은 서로의 개별성을 존중하는 한편, 서로 다른 견해를 내세우며 충돌하기도 한다. 이들 사이에는 교집합에 해당하는 영역보다 그 외부의 영역이 더 크다. 문재인 대통령 지지자들을 집합적이거나 단일한 행위자로 규정할 수 없는 이유다.

문재인 대통령 지지자들은 호칭 역시 단일하지 않다. 문재인 대통령 지지자를 부르는 통합된 용어는 없으며, 지지자마다 자신을 지칭하는 용어가 다르다. '문재인 대통령 지지자' 이상으로 자신들을 칭하는 말의 필요성을 크게 느끼지 못한다. 이는 통합된 조직이 따로 없고 서로를 만나거나 부를 일이 없기 때문이다. 지지자들을 언급하기 위해서는 이름이라는 언어가 있어야 하기에 오히려 외부에서 이들에게 이름을 붙이려 한다.

문재인 대통령 지지자들을 이르는 말로 가장 많이 쓰인 용어는 '문빠'다. 문재인이 더불어민주당 대표였던 시절부터 그의 지지자들을 비하하는 의미로 쓰이기 시작했다. 1장에서 살펴보았듯, 'O빠'라는 용어는 대중문화 팬덤을 향한 혐오 논리를 정치인 지지자들에게까지 씌운다는 점에서 문제가 있다. 정치인을 지지하는 형태로 참여 행동을 전개하는 시민들에게 'O빠'라는 용어를 쓰는 것은 결과적으로 낙인을 찍거나 문제 삼아 그들의 영향력을 축소하고 배제하려는 의도를 용인하므로 지양해야 한다.

문재인 대통령 지지자들은 이러한 부정적 반응에 위축되거나 개의치 않고 용어를 대체하거나 프레임을 전복시키는 전략적 특징을 보인다. 대표적인 예가 '문빠' 대신 사용하는 '문파'이다. 풍자의 의미를 담아 '문빠'와 비슷한 발음을 사용하면서 동시에 '문재인 대통령을 지지하는 사람(들)'을 긍정적 의미로 전환한다.

또 다른 예로는 '문슬람'이 있다. '문슬람'은 이슬람 극단주의자들에 빗대며 문재인 대통령 지지자들을 비하하는 용어이다. 이 단어에는 문재인 대통령 지지자들뿐 아니라 이슬람 종교에 대한 차별의 의미가 들어 있다. 지지자들은 이 단어를 '**문재인은 슬기로운 사람**(이며 그를 지지하는 사람들)'로 재해석해 적극적으로 사용하기도 했다. 이런 행위에서 특정 언어에 깃든 부정성을 전복하겠다는 의도가 강하게 엿보인다.

지지자들이 '문파'만큼 자주 사용하는 용어로 '오소리'가 있다. 어떤 공격과 위험에도 꿈쩍하지 않고 하고 싶은 걸 하고야 마는 벌꿀오소리처럼 문재인 대통령을 지지하겠다는 의미가 담겨 있다. 여기엔 문재인 대통령과 그의 지지자들을 향한 공격이 많았던 상황이 반영되어 있다. 지지자들은 '벌꿀오소리' 또는 '문꿀오소리'로도 불리는데, 지지자들 내부에서 생산된 용어지만 외부에서 이를 타자화해 부정적인 의미로 쓰기도 한다.

문재인 대통령을 강력하게 지지하고 있음을 드러내기 위한 또 다른 말로는 '대깨문' '나팔문' 등이 있다. 각각 '머리(대○리)가 깨져도 문재인을 지지한다' '나라를 팔아먹어도 문재인을 지지한다'(정말 나라를 팔아먹어도 괜찮다는 것이 아니라 나라를 팔아먹지 않을 거라는 신뢰를 바탕으로 '절대적 지지'를 드러내는 표현-필자)는 뜻이다. 문재인 대통령이 두 번째 대선 후보로 출마했을 때 지지자들은 다음을 기약하지 않고 당선시킬 수 있을 만큼 죽어도 지지한다는 뜻에서 이 말들을 쓰기 시작했다. 이토록 과격하고 원색적인 표현을 쓰는 것은 신뢰의 강도를 드러내면서 문재인이라는 인물에 대한 지지를 멈추지 않겠다는 결연한 의지를 전달하기 위해서다.

　그 밖에도 문재인 대통령 지지자를 일컫는 언어는 다양하다. 물론 지지자들이 이 모든 용어를 직접 사용하는 것은 아니다. 핵심은 이들을 지칭하는 용어가 단일하지 않을뿐더러 제각각 다른 용어를 쓴다는 점이다. 심지어 지지자들 중에는 그 어떤 용어도 쓰지 않는 이도 있다. 이들에게 중요한 것은 타인이 '어떻게 보는가'가 아니라, '자신이 지지한다'는 사실 그 자체이다. 지지의 목적을 그 자신들이 인정받고자 벌이는 인정 투쟁에 두지 않기 때문이다.

　문재인 대통령 지지자들은 통합된 조직이 없어 모이지 않고, 한 곳에서 교류하지 않으며, 서로가 서로의 존재를 알지 못한다. 물론 부분적으로는 조직을 꾸리거나 만남을 추진해 상대방의 존재를 알 수는 있다. 그러나 그것은 말 그대로 부분적인 소수의 합에 불과하다. 이런 사정 탓에 연구자든 기자든 정치인이든 문재인 대통령 지지자들에게 접촉을 시도하는 것 자체가 어렵다. 더군다나 문재인 대통령 지지자들은 접촉(면접) 자체를 선호하지 않는다. 자신들을 왜곡하는 내용의 언론 보도와 자료가 너무 많아서 그만큼 자신들의 말이 편집될 가능성을 차단하기 어렵다고 생각하기 때문이다.

　한편으로 특이한 점은 '존재가 드러나지 않는' 이들의 영향력이 '화력'으로 불릴 만큼 가시적이라는 것이다. 문재인 대통령 지지자들의 영향력은 다른 정치인 지지자 모임을 압도한다는 평가를 받을 정도다.[25] 문재인 대통령 지지자들은 모래알처

럼 많이 존재하는데 뭉치지는 않는다는 뜻으로 '한줌 문파'라고
도 불렸다. 이들의 '화력'을 가늠할 수 있는 하나의 사례로 2019
년 고성 산불 피해 구호 성금 모금 건을 들 수 있다.

강원도 고성에서 산불 화재가 발생한 다음 날인 2019년 4
월 5일에 문재인 대통령을 지지하는 온라인 네트워크 A(익명)와
젠틀재인에는 공지글이 게시됐다. 각각 사흘간 산불 피해 구호
성금을 진행하겠다는 내용이었다. 그런데 온라인 네트워크 A에
서 약 하루 만에 모금액이 3억 원을 초과했고, 젠틀재인에서 사
흘여 만에 모금액이 3억 원을 초과했다. 이들의 모금액은 전부
희망브리지 전국재해구호협회(hopebridge.or.kr)에 기부됐다.

…… 4월 5일 19:29부터 4월 6일 18:00까지 강원도 산불피해
를 함께하기 위해 힘을 모은 모금을 희망브리지 전국재해구호
협회(이하 재해구호협회)로 316,420,788원 전액 전달하였습니
다. …… 처음 모금 공지를 작성할 때는 적은 금액이라도 함께
하면 의미가 있지 않을까하고 시작했지만, 생각보다 훨씬 많
은 금액, 훨씬 더 많은 마음이 모여 저희도 많이 놀랐습니다.
…… 회원을 대상으로 한 산불 피해 기부모금에 자발적으로 함
께해주신 모든 분께 다시 한번 감사드립니다.[26] (온라인 네트워
크 A)

이틀 반 동안 만오천여 분의 대통령님 지지자분들이 젠틀재인
을 믿고 젠재창구로 모금해주신 342,640,959원을 오늘 오후

2시 46분에 희망브리지(재해구호협회)로 2차에 걸쳐 전액 송금해드렸습니다. …… 정산된 이자 중 세금을 제외한 5,460원도 협회로 즉시 이체했습니다. 이체시 허용되는 글자는 일곱 자뿐이라 "대한민국 오소리"로 보냈습니다. …… 성금 모금액 최종 결산은 342,646,419원입니다.[27] (젠틀재인)

회원 대상으로 진행했던 온라인 네트워크 A는 기부금을 전달할 때 네트워크의 이름으로 건넸지만 젠틀재인은 내부 회원이 아닌 사람들도 가입 없이 연대하는 차원으로 모금에 동참한 맥락을 고려해 젠틀재인이 아닌 '문재인 대통령님을 지지하는 국민들' 이름으로 모금액을 전달했다.

…… 젠틀재인은 창구만 빌려드렸을 뿐, 기존 젠틀재인 회원님들과 함께 이틀 사이에 회원으로 가입하신 4,300여 명의 회원님들뿐만 아니라 SNS에 오픈된 계좌번호를 보시고는 단지 "젠틀재인은 신뢰한다"는 이유만으로 기꺼이 동참해주신 분들이 너무너무 많으세요. …… 전부 자발적으로 공유해주셔서 이틀 내내 퍼져 나갔어요. 그래서, 기부증서에 찍힐 기부자 명은 "문재인 대통령님을 지지하는 국민들"입니다. …… 실제로 "문재인 대통령님을 지지하는 수천만의 대한민국 국민들"의 이름으로 현재 100억 원이 넘는 성금이 모이고 있습니다. …… 고맙습니다.[28] (젠틀재인)

이들은 기부라는 사회참여를 위해 짧은 시간에 강한 연결성을 보이며 존재감을 드러냈다가 서로 모르는 관계로 다시 해산하며 이전의 집합행동과는 다른 양상을 보였다. 이것은 문재인 대통령 지지자들의 참여 형태를 잘 보여주는 사례다.

문재인 대통령 지지자 중에는 온라인과 오프라인 공간 모두에서 자신이 지지자임을 밝힌 적이 없고 다른 지지자들과 교류한 적도 없으며 팬카페에 가입한 경험이 없음에도 '우리'라는 집단 정체성을 가진 사람도 있었다. 서로 알지 못하고 만나지도 않는데 어떻게 '우리'라는 집단 정체성이 형성될 수 있었을까? 놀랍게도 이런 정체성은 공적 지표를 통해 형성됐다. 즉 언론 댓글, 집회 인파, 여론조사 결과 등을 통해 다른 지지자의 존재를 알게 됐고, 그 지표들을 통해 '우리'라는 하나의 집단 정체성을 형성했던 것이다.

'조직 없는 연대'가 가능한 배경에는 인터넷과 미디어의 힘이 자리하고 있다. 인터넷에서 글을 공유하는 문화와 네트워크의 일상화는 각 개인이 단일한 조직에 소속되지 않아도 타인과 교류하고 연결될 수 있는 조건을 마련해준다. 지지자들이 중요하게 여기는 것은 특정한 집단에 소속되어 권력을 행사하는 것이 아니라, 자유자재로 연대하는 가능성을 발견하는 것이다.

이제 더 많은 사람이 개인을 중심으로 네트워크를 이루는 사회운동을 추구하며, 이것이 실현 가능한 조건이 정보사회 기술로 갖춰지는 시대에 살고 있다. 사회운동 네트워크는 공동체·의미·정체성의 근원으로 역할하며, 사회적 저항 참여는 일상화되고 있다.[29] 중요한 것은 사회에 관심을 가진 시민들이 이전의 정치 참여뿐 아니라 새로운 사회운동 및 정치 행동 과정에 적극적으로 동참한다는 것이며, 이것이 제도 정치에도 영향을 미친다는 사실이다.

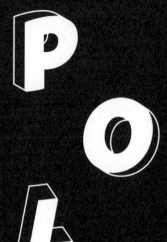

5장

POLITICS

모래알의 이합집산

제도적 정치 참여

정치적 참여 행동

당원 활동과 의견 개진

'인물 지지 정치' 현상이 정당정치를 약화시키는 원인이라고 우려하는 일부 시각과 달리 문재인 대통령 지지자들은 당원으로서 정당 활동에 적극적으로 참여하는 편이다. 지지자 다수는 온라인 기반의 참여 외에도 오프라인 활동 참여의 중요성을 인식하고 있다.

2016년(제20대) 총선에서 정치적 무관심으로 선거에 불참했던 1명을 제외한 12명이 정당과 후보 부문에서 더불어민주당에 투표했다. 그리고 2020년(제21대) 총선에서는 13명 전원이 정당과 후보 부문에서 더불어민주당에 투표했다. 13명은 모두 더불어민주당 당원이며, 그중 11명은 당비를 내는 권리당원이다. 권리당원 11명 중 6명이 입당한 시기는 문재인 대통령이 새정치민주연합(더불어민주당 전신) 당 대표직을 맡았던 시기였다.

시민들은 정당에 대한 신뢰와 별개로 당원 활동의 중요성을 느낀다. 당원 활동을 통해 의견을 표출하고 사회 의제화 형성 과정에 참여하는 것 자체에 의미를 둔다. 이들에게 정당은 사회 구성원으로서 의견을 공식적으로 개진할 수 있는 하나의 사회적 창구이다. 문재인 대통령 지지자들은 온라인으로 당원 가입이 가능해진 2015년 이후로 한국사회에서 정당 활동 및 참여의 진입 장벽이 낮아졌다고 체감한다. 그리고 이들은 정당 활동 문화를 함께 만들어가고 있다는 데 보람을 느꼈다.

당내 경선 참여

다른 당원들과 소통하거나 정당 게시판에 글 쓰는 것 외에도 권리당원은 대의원과 당 지도부, 대선 후보자 선출을 목적으로 하는 당내 경선에 투표자로 참여할 수 있다. 4장에서 언급했듯, 문재인 대통령을 지지하는 시민들 중 일부는 정당 안팎에서 이재명 전 경기도지사 지지 여부를 두고 첨예하게 갈등하고 쟁투를 벌였는데, 이는 특히 제20대 대선을 앞두고 최고조에 이르렀다.

연구참여자 13명 중 12명은 차기 대선 후보로 이낙연 전 대표를 지지하는 동시에 이재명 전 경기도지사를 반대했다. 이들은 대선 경선 후보에 오른 이재명에 대해 '노무현 그리고 문재인을 존중하지 않고 비난했던' 인물이며, '필요할 때는 노무현과 문재인을 긍정적으로 언급하는 비일관적인 정치인'이고, 성남시장과 경기도지사를 역임하며 얻은 사회 권력을 사익 목적으로 활용한 의혹에 휩싸인 '투명하지 않고 반민주주의적인 포퓰리스트'라고 평가했다.

이재명 전 경기도지사를 대선 후보로 반대하는 이들은 지지하는 정당에 소속된 후보라고 해도 그에게 무조건 투표하는 방식으로는 정치가 발전할 수 없음을 강조하며, 내부에도 적출해야 할 부정의한 세력이 존재한다는 의미의 "좌적폐"라는 표현을 사용했다. 그리고 더불어민주당 대선 후보로 '반민주주의적이거나 포퓰리스트가 아닌' 신뢰할 수 있는 정치적 대표자가 선출돼야 한다고 주장했다.

반면 다른 1명은 이재명 전 경기도지사를 '사회 개혁 의지가 있는 인물'로 평가했으며, 이낙연 전 당 대표와 이재명 전 경기도지사 모두를 차기 대선 후보로 지지했다. 그는 이재명 전 경기도지사를 반대하는 이들에 비해 더불어민주당에 대한 신뢰도가 높았다. 그리고 거대 양당 중심의 정치 체제 문제를 지적하면서도 현재의 기반에서 다른 정당 소속 후보를 선택할 수 없는 환경을 언급했다.

문재인 대통령 지지자들 사이의 이와 같은 의견 차이는 더불어민주당 대선 후보 경선 과정에서도 발견됐다. 경선이라는 방식은 추대와 달리 당원들의 다양한 정치적 견해를 확인하고 수렴하는 것을 목적으로 하며, 어떤 정치인을 대선 후보로 선출할 것인지 충분한 사전 토의 과정을 통해 이견의 괴리를 통합하는 과정이 중요하지만, 안타깝게도 그러한 모습은 볼 수 없었다.

대선 후보 경선 과정에서 송영길 당시 더불어민주당 대표는 "문재인 대통령을 지키겠다는 소위 '대깨문'"이 '누가 되면[이재명 전 경기도지사가 대선 후보로 확정되면-필자] 차라리 야당을 (찍겠다)'는 안일한 생각을 하는 순간, 문 대통령을 지킬 수도 없고 제대로 성공시킬 수도 없다는 것을 분명히 깨달아야 된다"[2]고 발언해 당원들 간의 감정 대립을 촉발하고 당 지도부를 향한 거센 반발을 불러일으켰다.

송영길 당 대표는 '대깨문'이라는 용어를 사용하며 이재명 전 경기도지사를 반대하는 일부 당원들의 의견을 마치 단일한 입장인 것처럼 단정했다. 논란의 핵심은 정치적 대표자로 이재명 전 경기도지사를 세울 수 없다는 당원들을 설득하지 못하면서, 비토하는 의견 자체를 문제 삼아 다른 형태로 당원들을 '갈라치기' 했다는 데 있었다. 이는 주체적인 일부 당원들의 의사 표현을 조직적이거나 '안일한' 의견인 것처럼 만들었을 뿐 아니라, 문재인 대통령을 지지하면서 이재명 전 경기도지사를 대선 후보로 반대하는 당원들을 적대시하는 발언이었다. 다시 말해 그들을 고립시키기 위한 의도적이고 전략적인 행위로 해석됐다.

더욱이 송영길 당 대표는 같은 날 제17대 대선에서 정동영 후보(더불어민주당 전신 소속)가 투표받지 못해 이명박 대통령(국민의힘 전신 소속)이 당선됐던 과거를 언급하며 이재명 전 경기도지사가 대선 후보로 선출됐을 때 투표받지 못하면 재연될 상황을 강조했다. 이것은 정동영 당시 대선 후보가 시민들에게 정치적 대표성을 인정받지 못해 낙선한 결과를 시민 탓으로 돌리는 취지의 발언이었고, 결국 그는 반성 없는 '내집단 옹호자'로 인식되며 많은 비판을 받았다.

비슷한 맥락에서 '똥파리'라는 말로 이재명 전 경기도지사를 반대하는 사람들이 모두 '더불어민주당을 분열시키기 위한 작전 세력'인 것처럼 언급한 김어준도 논란의 대상이 됐다. 이들은 의도와 무관하게 더불어민주당 당원들 사이의 통합을 주도하기보다 당내 당원 갈등과 감정 대립을 공고화하고 대치시키는 데 일조했으며, 이재명 전 경기도지사의 든든한 우호 세력으로 간주되며 일부 당원들에게 불신의 대상이 됐다.

이 과정에서 문재인 대통령을 지지하는 동시에 이재명 전 경기도지사의 대표자 선출에 반대하는 당원들은 자신들의 존재와 의견이 당에서 존중되지 않고 권력 쟁취 목적을 수반한 계파 갈등 속에서 부정적인 담론으로 재생산되는 것에 강한 문제의식을 느꼈다. 과격한 행동을 하지 않은 당원들까지도 과격한 집단적 행위자로 낙인찍는 것은 물론이고 당 지도부의 무능함으로 당론 수립 과정이 제도화되지 못하는 불안정한 상황에 대해서도 당원들을 탓하는 일부 당 지도부의 태도에 논란은 가중됐다. 설상가상으로 제20대 더불어민주당 대선 후보가 이재명 전 경기도지사로 확정되는 과정에서 이른바 '민주당판 사사오입'이라는 비판이 제기되었고, 그에 따라 '비민주적 절차 논란'이 더해지면서[3] 당원들 간 균열과 갈등은 더욱 극명해졌다.

대선 후보 경선이 끝난 이후 정당 게시판이 닫히자 당원들 내부의 반발은 확산됐다. 문재인 당 대표 시절 정당을 쇄신한 것이 무색할 정도로 쇄신되기 전의 과거로 회귀해 당원들의 힘이나 역할을 최소화하며 의견 듣기를 거부하고 이견을 가진 당원들의 입을 막으려는 조치로 비춰진 것이다.

결국 더불어민주당 당원들 사이에서 정당이 사당화되고 있다는 평가를 바탕으로 이재명이 아닌 다른 인물로 대선 후보를 교체해야 한다는 주장이 제기되었다. 이는 '일부 문재인 대통령 지지자들이 정당을 분열시키는' 것처럼 보도됐지만, 사실상 이재명 후보자에 대한 불신뿐 아니라 더불어민주당 지도부에 대한 불신이 결합해 발현된 현상이었다.

한편 이재명 제20대 대선 후보를 반대하거나 이낙연 전 당대표를 지지하는 당원들과 이재명 제20대 대선 후보를 지지하는 당원들 사이의 대립 구도는 강해졌고, 서로를 비난하는 용어가 난무할 만큼 정당 지지자들 사이의 적대감이 격화됐다.

선거 투표

연구참여자 13명은 모두 총선과 대선 등에서 투표 행위가 중요하다고 인식했으며, 일부는 선거 투표에 적극적으로 참여하는 것 외에도 투표 행위를 독려하거나 유세 현장에 참석하는 등 개개인의 차원에서 실천 가능한 방안을 모색했다.

제20대 대선에서는 문재인 대통령의 존재감이 두드러졌

다. 우선 문재인 대통령의 임기 말 국정 지지도가 예외적으로 높았고, 그를 대상으로 한 지지 열기가 더불어민주당 재집권으로 연결될 것인지가 주목됐다. 또한 그동안 당에서 문재인 대통령과 대립각을 세운 인물인 이재명이 '민주당 정부' 계승 의지를 밝히며 더불어민주당 후보로 나선 반면, 문재인 정부에서 서울중앙지검장을 거쳐 검찰총장이 됐던 국민의힘 후보 윤석열은 문재인 정부 심판론을 내세웠다. 이로 인해 많은 이슈가 문재인 정부에 대한 평가로 흡수되거나 연동됐다.

공교롭게도 이재명 후보와 윤석열 후보 모두 각자의 소속 정당에서 정치적 대표성에 문제의식을 느끼는 당원들의 거센 반발을 샀지만, 양당의 대선 후보자가 교체되지는 않았다. 그리고 두 후보 간 토론은 사회 정책과 정치 쟁점보다 주로 서로를 향한 의혹 제기와 해명에 집중됐다. 이런 상황에서 대선 100일을 앞두고 진행된 여론조사 결과는 제20대 대선이 이른바 '비호감 대선'으로 불리는 계기가 됐다. 이재명 후보와 윤석열 후보는 비호감도 조사에서 각각 58퍼센트와 54.7퍼센트의 응답을 받았다.[4]

제20대 대선 투표 결과, 윤석열 후보가 대통령에 당선되면서 국민의힘은 더불어민주당의 의석수가 과반이 넘는 상황에서 집권 여당이 됐다. 이재명 대선 후보와 윤석열 당선자는 24만 7,077표 차이인 0.73퍼센트포인트의 '초박빙 접전'을 벌였는데, 제20대 대선의 무효표는 두 사람의 표 차이보다 많은 30만 7,542표로 집계됐다. 이 무효표 수치는 제19대 대선(13만 5,733

표)과 제18대 대선(12만 6,838표)보다 두 배 이상 높았다.[5]

문재인 대통령 지지자 일부가 '이재명 반대'를, 박근혜 대통령 지지자 일부가 '윤석열 반대'를 외치는 상황이 전개되자 일부 사람들은 혼란을 느꼈다. 이에 더해 문재인 대통령의 지지율이 이례적으로 높은 상황에서 더불어민주당이 집권 여당으로 재집권하지 못하게 된 결과도 혼란을 가중한 요인이었다.

어떤 사람들은 윤석열 후보의 당선 배경을 '이재명 후보가 과거에 문재인 대통령에게 대립각을 세웠기 때문에 일부 문재인 대통령 지지자들에게 표를 받지 못했다'고 분석했으나 이는 설득력이 떨어진다. 왜냐하면 윤석열 당선자 역시 대선 후보자로 적합하지 못하다는 평가가 존재했고, 무엇보다 윤석열 당선자도 문재인 대통령에게 대립각을 세우면서 표 결집을 시도했던 국민의힘 소속 후보였기 때문이다.

필자가 진행했던 지난 연구 결과를 상기할 때 대선 결과는 예측 불가능한 것만은 아니었다. 일단 이재명 대선 후보는 더불어민주당 당원 일부에게 정치적 대표자로 인정받지 못한 선례가 있었다. 2018년 경기도지사 선거 당시 이재명 더불어민주당 후보와 남경필 자유한국당(국민의힘 전신) 후보가 경쟁했을 때, 성남 시민이었던 연구참여자 2명은 모두 기권하는 의미에서 투표하지 않았다. 당시에도 경기도지사로 이재명 후보가 당선돼선 안 된다는 더불어민주당 내 당원 의견이 존재했다.

하지만 이재명 전 경기도지사를 더불어민주당 대선 후보로 반대하는 당원들은 2018년과 달리 '무효표'(어느 후보에게도 투표하지 않음)보다 '낙선표'(이재명 후보를 떨어뜨리기 위해 투표함)를 던지겠다는 의지가 강했다. 이재명이 무효표로 인해 대통령으로 당선될 수 있다고 판단했기 때문이다.

실제로 이낙연 대선 경선 후보를 지지하는 더불어민주당 당원 중에서 13.3퍼센트만 이재명 차기 대선을 지지했으며, 이낙연 대선 경선 후보 지지층의 68퍼센트는 이탈될 수 있다는 여론조사 결과가 발표됐다.[6] 또한 젠틀재인에서는 대선 전 회원들을 대상으로 설문조사를 진행했는데, 더불어민주당 대선 후보가 교체되지 않으면 '역선택한다'는 답변이 65퍼센트(871표), '투표를 포기한다'는 답변이 31퍼센트(414표), '민주당을 찍는다'는 답변이 2퍼센트(38표)로 집계됐다.[7]

이재명 더불어민주당 후보가 대선에서 낙선한 이유를 정당 차원에서 크게 세 가지로 분석해볼 수 있다. 첫째, 당원들에게조차 충분한 정치적 대표성을 얻지 못한 인물이 대선 후보로 선출됐다. 이재명 대선 후보는 당원 다수에게 투명하지 않은 반민주주의적 인물 또는 포퓰리스트로 평가받고 있었다.

둘째, 이재명 대선 후보를 반대하는 당원들에게는 더불어민주당과 국민의힘, 그리고 양당의 대선 후보가 차별성이 없게 느껴졌다. '정치적 대표자가 될 수 없는 사람들'이 거대 양당 후보가 되었다는 평가가 주를 이뤘으며, 대선 후보자가 교체돼야 한다는 요구로 이어질 만큼 불신의 반동에 따라 국민의힘과 윤석열 대선 후보가 상대적으로 '덜 위험하게' 인식되는 경향마저 감지됐다.

셋째, 무엇보다 정치적 대표자로 지지할 수 없는 정치인을 후보자로 선출한 더불어민주당에 대한 반발 및 당에 대한 단죄 목적이 강했다. 더불어민주당 지도부는 당 내부의 갈등을 심화시켰고, 외부의 '적'을 상정하며 청산해야 할 '적폐'를 강조할 뿐 자신들을 향한 성찰은 보여주지 못했다는 점에서 결과적으로 '민의 대변'이 아닌 '집권 욕심'을 위해 움직이는 정당으로 평가됐다. 더불어민주당은 170석 거대 야당으로 대립하고 반대하는 정치 전략을 보였는데, 이것이 국민을 대변하려는 목적이 아니라 집권을 위한 목적으로 비춰졌으며, 결과적으로 사당화된 정당이라는 평가를 받았다.[8]

정리하면 사회 변화를 추진하라는 뜻에서 다수의 시민이 투표를 통해 많은 의석수를 더불어민주당에 확보해줬지만, 더불어민주당은 사당화되어 지지할 수 없는 정치인을 후보자로 선출했다는 것이 이재명 대선 후보를 선택하지 않은 당원들의 주된 견해였다. 이재명 후보가 대통령으로 당선되면 더불어민주당은 지금보다 더 민의를 수렴하지 않고 집권 여당으로 권력을 휘두를 것 같으니 '이번 기회에 싹 망하고 당이 새롭게 개편됐으면 좋겠다'는 이야기까지 당원들 사이에서 나왔던 것이다.

더불어민주당 당원이지만 더불어민주당 소속 대선 후보를 선택하지 않은 이들의 행위는 거대 양당 중심 정치 구조를 간과하거나 더불어민주당을 분열시키기 위해서가 아니다. 이것은 곧 '더불어민주당조차 신뢰받지 못한 채 사당화 방향으로 움직이고 있으며, 민주주의 가치에 맞지 않는 후보자라면 어느 정당 소속이라도 지지할 수 없다'는 시민들의 비판적 평가의 결과이다.

시민들의 정치적 판단과 선거 투표 결정 행위는 단순하지 않다. 심지어 더불어민주당 당원이라 할지라도, 그리고 지지하는 대통령과 같은 정당에 소속된 후보자라 할지라도, 자질이 부족한 후보자라고 판단한다면 시민들 혹은 당원들은 투표하지 않는 것뿐 아니라 낙선시킬 가능성도 전제한다. 이제는 진보와 보수라는 이분법적 정치 이념에 따라 무조건 투표하지 않겠다는 시민들의 의지를 볼 수 있다.

더불어민주당의 심판자가 된 내부 당원들이 보기에 더불어민주당 차원에서 자평하는 '김대중-노무현 정신'은 현재 찾아보기 어렵다. 당내 민주주의와 정당 체제 안정화를 요구하는 당원들의 의견을 무시한다면 정당 지지를 철회하거나 다른 정당에 투표하는 등의 방식으로 당을 이탈하는 당원들이 많아질 수밖에 없다. 또한 제도와 체제는 결국 사람을 통해 구현되고 완성된다는 점에서 인물이 아닌 이념과 정책만 강조하는 것은 오히려 현실과 동떨어진 낭만적인 해석에 가깝다. 이념이나 정책뿐 아니라 인물 역시 중요한 논의 및 검증 대상으로 봐야 한다.

정리하면 문재인 대통령을 지지하는 시민들은 가장 지지하는 정당으로 더불어민주당을 선택했으나, 더불어민주당은 '문재인 대통령이 소속된 정당' 또는 '국민의힘이 아닌 거대 정당'으로 선택받은 것일 뿐 자체적인 역량 평가로 권력 정당성을 얻지 못하고 있다. 심지어 더불어민주당이 대항하는 것처럼 보이는 국민의힘과 별로 차이가 없다는 일부 당원들의 평가는 결코

가볍게 여길 것이 아니다. 제20대 대선에서 "적은 표 차이로 졌으니, 졌지만 잘 싸웠다"는 식의 유감스러운 내부 평가는 더불어민주당을 답보 상태로 머무르게 할 가능성이 크다.

비제도적 사회참여

사회적 참여 행동

정보 검증과 의제 형성

문재인 대통령 지지자들이 일상에서 가장 많이 시도하는 비제도적 사회참여는 인터넷과 네트워크를 활용해 정보를 검증하고 의제를 형성하는 것이다. 다음과 네이버 등 포털에 등록된 기사뿐 아니라 여러 언론사 기사를 탐독하거나 공중파 3개사 뉴스를 비교해 시청하는 등 다양한 경로로 정보를 수정하고 대조한다.

핵심은 같은 주제를 다르게 보도하는 언론 내용을 비교하고, 자료 출처와 내용을 확인함으로써 허위 또는 거짓 정보를 선별하거나 보도의 왜곡 가능성을 검토한다는 데 있다. 특히 문재인 정부 관련 쟁점에 대해서는 청와대 유튜브, KTV 국민방송 등 정부 및 관련 부처가 운영하는 플랫폼 자료를 포함해 한층 더 꼼꼼하게 검토했다.

일부 지지자들은 온라인 네트워크, 개인 미디어 등을 통해 자신의 의견을 불특정 다수와 공유하기도 했다. 이러한 활동에는 의견을 공유하는 사람들의 자정 능력에 대한 기대나 신뢰가 엿보였다. 온라인 공간에서 익명을 전제로 글이나 댓글을 써서 서로의 생각과 정보를 교환하는데, 모든 사람이 동일한 생각을 하지 않기 때문에 잘못된 정보나 편향 등을 바로잡을 수 있다는 판단이 들어 있다.

이들은 전반적으로 언론 보도에 담긴 논리와 프레임을 그대로 수용하기보다 비판적 관점을 견지하며 적극적으로 해석하고 분석하거나 더 나아가 다른 프레임을 구성했다. 또한 일부 지지자들은 '마실' 또는 '방어'로 표현되는 '글(댓글) 자정'을 시도했다. 허위 정보를 반박하고 사실을 바로잡는 글(댓글)을 작성하거나, 유해한 자료를 신고하는 것, 반대로 유익한 자료를 추천하는 것 등이 주요한 실천 방법이었다.

문재인 대통령을 지지하는 시민들이 정보 검증과 의제 형성에 관심을 갖는 것은 사회참여 의지 강화 및 언론 불신 심화라는 요인 외에도 보수 정권의 여론 조작이나 대선 개입 사건을 겪으며 글로 매개되는 정치 담론의 위력을 학습했기 때문이다. 많은 시민은 조직적으로 생산되는 글과 이로 인한 여론 활용의 파급력을 알게 됐다. 그리고 이명박 정부의 '댓글 공작 사건' 조사에서 윗선이 제대로 밝혀지지 않았던 과거의 경험으로부터 여론의 조작화가 반복될 수 있는 현실을 우려한다.[9]

영국 옥스퍼드 인터넷 인스티튜트에는 2021년에 보고서를 발표했다. 이 보고서를 통해 81개 국가에서 산업적 규모의 '사이버 부대'가 활동하고 있으며, 그 수가 점점 많아지고 있다는 것이 밝혀졌다. 소셜 미디어를 이용한 여론 조작 및 허위 정보 유포 수법은 국제적으로 전문화되고 있고 여론 조작 과정에 민간회사가 동원되는 국가도 증가하고 있다. 이뿐만 아니라 사이버 부대를 운영하는 정부 기관, 정당, 홍보 회사 등이 사회적으로 영향력 있는 인물의 계정 또는 시민사회 단체를 동원하고 있는 것이 지적됐다. 한국과 북한은 사이버 부대가 활동하는 81개 국가에 포함됐다. 그리고 한국은 일관된 전략 및 형태를 가진 사이버 부대가 정규직 직원을 고용한 상태인 '중간 단계'로 분류됐다. 한국에서는 봇bot(자동으로 특정한 작업을 반복해 수행하는 프로그램)과 사람이 허위 사실을 전파하는 계정을 관리해 여론전을 벌이는 것으로 드러났다.[10]

이와 같은 사실은 신문사와 언론사를 포함해 특정한 매체를 통해 알려지는 정보가 시민들에게 그대로 수용되지 않는 현실의 단면을 보여준다. 현실에서 온라인 네트워크가 부정적으로 활용되거나 인수되는 사례 또한 증가하고 있으며, 이러한 흐름에 저항하는 형태로 '마실' 또는 '방어' 활동이 전개되고 있음을 알 수 있다. '조직적 여론의 조작화'가 전개되는 온라인 공간에서는 담론 권력을 차지하기 위한 쟁투가 지금도 벌어지고 있다.

실시간 검색어를 통한 여론화

주요 포털에서는 한때 포털 이용자들이 자주 쓰는 검색어를 순위별로 알려주는 '실시간 검색어 서비스'를 제공했다. 문재인 대통령을 지지하는 시민들은 실시간 검색어를 이용해서 전에 없던 새로운 형태의 집합행동 의사를 드러내기도 했다. 2017년 8월 17일에 문재인 대통령 취임 100일을 기념해 "고마워요 문재인"을 검색어 1위로 올리면서 주목받은 것이 대표 사례다.

사회적 의제를 형성할 때도 실시간 검색어가 활용됐다. 조국 법무부장관을 임명하기 전과 고위공직자범죄수사처('공수처')를 설치하기 전, 문재인 정부의 검찰개혁 추진에 동의하고 힘을 실으려는 시민들의 노력이 포털 다음에 "법대로 조국 임명" "검찰개혁 공수처 설치" 등을 검색어로 등재시켰다. 또한 검찰개혁 추진에 반대하는 여론이 조국 전 장관 일가 의혹 제기와 연결되자 "나경원 자녀 의혹" "나경원 아들 논문 청탁" 등 당시 야당(국민의힘) 소속 정치인 일가의 수사를 촉구하는 내용으로 항의성 실시간 검색어가 등장했다.

한편 네이버의 검색어는 다음의 검색어와 두드러진 차이를 보였다. 검찰개혁에 협조하지 않는 검찰, 야당 등을 비판하는 내용의 검색어가 다음에 등장했던 그 시간, 네이버에는 관련 검색어가 아예 없거나 현저히 적었다. 게다가 오히려 "문재인 탄핵"이나 "조국 구속"과 같이 검찰개혁을 추진하는 사람들을 공격하는 내용의 검색어가 간간이 게재되는 등 다음과 상반된 내용의

〈표 7〉 주요 포털의 검찰개혁 관련 실시간 검색어 비교(상위 10개 이내)

날짜	검색어	
	다음(daum.net)	네이버(naver.com)
2019. 8. 31.(토)	10위: 나경원 자녀 의혹	관련 검색어 없음
2019. 9. 2.(월)	1위: 법대로 조국 임명	1위: 조국 기자회견
2019. 9. 7.(토)	1위: 검찰개혁 공수처 설치	관련 검색어 없음
2019. 9. 9.(월)	1위: 검찰 사모펀드쇼	관련 검색어 없음
	1위: 문재인 지지	3위: 문재인 탄핵 7위: 검찰 단체 사표 환영 10위: 조국 임명
2019. 9. 11.(수)	1위: 정치검찰 언론플레이	관련 검색어 없음
	1위: 나경원 아들 논문 청탁	2위: 문재인 탄핵 3위: 문재인 지지
	6위: 나경원 아들 8위: 나경원 아들 논문 10위: 나경원 아들 논문 청탁	관련 검색어 없음
2019. 9. 23.(월)	1위: 우리가 조국이다	관련 검색어 없음
2019. 10. 7.(월)	1위: 조국 수호 검찰개혁 2위: 조국 구속	1위: 조국 구속 5위: 조국 수호 검찰개혁
	3위: 조국 수호 검찰개혁 4위: 조국 구속	2위: 조국 구속
2019. 10. 26.(토)	1위: 검찰 자한당 내통	관련 검색어 없음

검색어가 등재되기도 했다.

실시간 검색어를 통해 공통의 사회적 의제를 표현하는 과정에 동참했던 연구참여자 중에는 조작 가능성이 의심돼 포털을 믿지 않지만 그럼에도 포털에서 조작될 수 없는 단 몇 초를 가정할 때 다른 사람들에게 전하고 싶은 말을 검색어로 표현하고 싶었다고 밝히며 참여의 이유를 설명했다.

'실시간 검색어 올리기'는 유희의 양식을 사용해 사회적·정치적 의사를 적극적으로 표현하는 자발적 집합행동이다. 이것은 행위자들에게 부담이 적은 형태로 전개되는 온라인 행동주의의 특징을 잘 보여준다. 그러나 포털의 영향력을 인식한 이들의 참여 행동은 당시 야당(국민의힘) 소속 정치인들에게 "여론 조작"이라는 비판을 받았다.

생각해보면 시민들이 의사를 표현하거나 의제를 형성하는 방식은 언제나 새롭게 양산되어왔으나 대부분 부정적인 평가를 받았다. 가령, 실시간 검색어 올리기 외에도 시민들이 정치인을 대상으로 보내는 많은 문자는 '문자 폭탄'으로, 특정한 정치인에게 입금하는 후원금 일부는 '18후원금'으로 불리며 행위의 과잉성 또는 공격성이 지적됐다.

행위의 과잉성과 공격성은 특정한 대상을 괴롭히고 사회통합을 저해하거나 극단화를 부추길 수 있다는 점에서 비판받아 마땅하다. 그런데 한편으로 많은 시민의 검색어 사용, 문자 발송, 후원금 입금 등 행위 자체를 조작적인 것으로 주장하거나 부정적으로 여기는 것은 또 다른 측면에서 문제가 있다.

긍정적으로도 쓰이는 의견 표출 방법인데, 그 행위 자체에 부정적 의미를 씌움으로써 문제로 만든다면 다양한 형태의 의견 표현 가능성을 축소하고 시민들의 의견을 배척할 수 있다는 점에서 위험하다. 무엇보다 많은 행위자가 같은 행동을 한다는 이유로 그것을 조작·과잉·공격으로 해석한다면 시민들의 집합 행동은 억압되기 쉽다.

헌법 제21조 제1항에 명시되어 있듯, 시민들은 표현의 자유를 가지고 있으며, 집단적 의사 표현 또는 집합행동을 통해 정치적·사회적 의사 형성 과정에 참여할 수 있는 권리가 있다. 중요한 것은 민주주의 체제인 한국이 시민 참여의 필요성을 당위적으로 인정하는 만큼 시민들의 적극적인 참여를 가능케 하는 사회인지 비판적으로 살펴보는 것이다. 또한 시민들이 사회에 관심을 가지고 자유롭게 논하며 성숙한 참여 문화를 축적할 수 있도록 환경을 조성해야 한다. 이러한 노력 없이 시민들의 정치 참여 방식을 문제 삼기만 해서는 누적된 사회문제를 해결하려는 시민들의 의견은 물론 사회문제 자체를 은폐할 수 있다.

문재인 대통령 지지자 중 상당수는 2015년에 문재인 더불어민주당 대표가 당원 가입의 장벽을 낮추고 시민 의견을 수렴해 정당을 쇄신했던 것을 높이 평가했고, 그 계기로 그를 지지하기 시작했음을 상기할 필요가 있다. 이들이 원하는 것은 '실시간 검색어, 문자 발송, 18원 후원금'처럼 자신들의 의견이나 활동이 '과잉되거나 공격적으로 읽히는' 방식이 아니라, 의제화 과정을 통해 시민들의 의견이 사회에 반영되는 것임을 알 수 있다. 지금처럼 제도화된 시민들의 공적인 의견 수렴 절차 또는 그것이 가능한 공간이 거의 부재한 상황이 지속된다면 시민들은 '실시간 검색어, 문자 발송, 18원 후원금' 이외에도 새로운 비제도적 사회참여 방법을 찾아 행동할 수 있다.

촛불집회 참여

촛불집회는 시민들이 촛불을 들고 광장 등에서 집회하는 것을 말한다. 집시법에 따라 야간집회가 금지됐던 한국에서 대안적 집회 양식으로 자리 잡은 촛불집회는 1992년에 케텔Ketel의 온라인 서비스 유료화에 반대하는 저항 시위로 처음 개최됐다. 오늘날 촛불집회는 시민들의 비폭력 저항 행동 양식으로 인정되고 있다.

2002년부터 2019년까지 한국에서 열린 촛불집회에 연구 참여자들의 참여 여부를 파악한 결과 촛불집회 참여도는 꾸준하게 증가한 것으로 나타났다. 박근혜 제18대 대통령 퇴진 운동과 맞물린 2016~2017년에 가장 많은 사람(13명 중 11명)이 참석했고, 문재인 제19대 대통령 당선 이후 검찰 및 언론 개혁을 촉구한 2019년에 두 번째로 많은 사람(13명 중 10명)이 참석했다.

문재인 대통령과 더불어민주당은 검찰-언론 개혁을 토대로 적폐 청산이라는 국정 의제를 실현하려 했다. 이 과정에서 추진한 조국 법무부장관 후보 임명을 앞두고 조국 일가를 향한 의혹이 제기되었고, 검찰-언론 개혁을 시도하는 움직임은 이른바 '조국대전'으로 불리는 정치적 쟁점화로 연결되면서 좌초됐다. 이때 시민들이 검찰-언론 개혁을 촉구하고 지지하기 위해 개최한 것이 2019년 촛불집회다.

2019년 촛불집회에 나선 이들은 검찰-언론 개혁을 요청하는 취지로 참여했으며, 그 이면에는 개혁의 움직임에 대항하는

<표 8> 역대 촛불집회 참여 여부

2002년		2004년		2008년		2016~2017년		2019년	
참여	불참	참여	불참	참여	불참	참여	불참	참여	불참
1명	12명	5명	8명	7명	6명	11명	2명	10명	3명

검찰, 언론, 자유한국당(국민의힘 전신) 등에 대한 비판의식이 자리하고 있었다. 그리고 당시 찬반 논쟁이 치열했던 '조국 수호' 구호는 그가 법무부장관으로서 다해야 할 소명과 역할을 지켜서 종국에 검찰-언론 개혁이 완수되도록 해야 한다는 의미로 해석됐다.

임명된 지 35일 만에 사퇴한 조국 전 장관에 대한 지지자들의 상이한 평가는 시간이 흐르면서 다소 비판적으로 달라졌는데, 이와 무관하게 조국 전 장관 일가에 대한 과잉 공격 및 수사가 지나치다는 평가는 일관되게 유지됐다. 여기에는 같은 잣대로 수사를 받지 않는 다른 정치인, 관료 집단에 대한 이의제기와 검찰의 대규모 인력 투입 조사 및 언론의 과다한 보도 양상에 대한 비판이 포함되었다.

한편으로, 2019년 촛불집회에서는 조직 또는 단체의 영향력이 훨씬 줄어든 양상이 발견됐다. 검찰-언론 개혁을 지지하는 목적의 2019년 촛불집회는 10월부터 여의도(개싸움국민운동본부 개최)와 서초동(북유게사람들 개최)으로 장소가 분리되어 열렸다. 조직에 의한 동원이 아닌 개인들의 자발적 참여, 축제 같은 집회 문화, 참여자들의 다양성이 두 곳 모두에서 발견된 공통점이었다면, 이재명 전 경기도지사에 대한 지지 여부는 그 두 장소를 나누는 차이점이었다. 이재명 전 경기도지사를 지지하는 사람들은 여의도에, 반대하는 사람들은 서초동에 주로 참석했다.[11]

개별화된 정치 참여가 익숙한 세대에게 개인 단위의 참여가 자연스럽게 수용되면서 촛불집회에도 혼자 참여하는 시민이 많아지고 있다. 시민들은 온·오프라인에서 교환하는 정보를 바탕으로 자유로운 의사 결정에 따라 촛불집회에 참여하는 경향이 있다. 한편 촛불집회의 안정성에 관한 시민들의 인식은 같지 않다. 누군가는 촛불집회가 비폭력 형태로 진행되는 만큼 안전하다고 느끼지만 다른 누군가는 그럼에도 위험에 노출될 수 있는 현장이라고 생각한다. 하지만 서로 다른 두 관점은 공통되게 시민들이 촛불집회에 개인 단위로 참여하는 이유가 됐다.

촛불집회는 무질서와 과격함을 지양하는 비폭력 시위임이 강조되는 만큼 급진적인 사회 개혁을 이끌기에 한계가 있고 온건한 민주주의의 정치 헤게모니로 귀착될 수 있다는 점이 지적된다. 그럼에도 촛불집회가 한국에서 대표적인 사회운동 양식으로 힘을 발휘하는 이유를 위의 대목으로부터 부분적으로 읽을 수 있다. 시민들은 과거의 시위 및 집회 현장에서 자행된 통치 집단의 폭력적인 진압과 무자비한 공격을 기억한다. 이러한 기억은 집단적 공포로 상흔처럼 각인되었고 위험에 노출될 수 있는 현장임을 경계하는 하나의 요인이다. 한계를 가진 촛불집회가 오늘날 많은 사람의 참여를 이끌어내는 집회 양식으로 활용되는 배경과 문화를 다각도로 읽을 필요가 있다.

응원봉 든 지지자

'팬덤 정치' 낙인이 은폐하는 현실

'팬덤 정치'라는 주홍글씨

문재인 대통령에 대한 시민들의 지지는 '문템' 혹은 '이니굿즈'라는 신조어를 만들어내며 문화상품merchandise 구매 열풍을 일으켰다. 문재인 대통령을 지지하는 일부 시민은 문재인 대통령과 관련된 상품을 구입하는 데 그치지 않고 직접 문화상품을 제작하거나, 그 판매 수익금을 기부하기도 했다.

시민들이 문재인 대통령 관련 문화상품을 구입하는 이유를 크게 세 가지로 생각해볼 수 있다. 첫째, 문화상품은 대개 한정판으로 제작되기 때문에 수집하는 행위 자체로 의미를 느낀다. "안 사면 빵원, 사면 영원"이라는 지지자의 말은 문화상품이 판매되는 시기를 놓치면 얻기 힘든 만큼 소장하는 것에 의의가 있다는 것을 알 수 있다.

둘째, 문재인 대통령과 같은 상품을 구매하고 사용하는 데서 또는 문재인 대통령에 관한 정보를 다른 사람들과 나눈다는 데서 동질감과 일체감을 형성하며 즐거움을 느낀다. 즉 타인과 특정한 가치를 공유함으로써 얻는 만족감이 있다.

셋째, 문화상품 구입은 역사적인 분기점을 기억하고 기록하는 한 가지 방법이다. 예를 들어 헌법 개정안이나 취임 기념 우표첩 등이 대표적이다. 이때 실용성은 중요한 판단 기준이 되며, 문재인 대통령 지지 여부와 상관없이 실질적인 필요를 느껴 상품을 구매하는 행위자가 존재할 수 있다.

문재인 대통령을 지지하는 시민들의 성향이 각기 다른 만큼 문화상품을 사지 않는 지지자도 많았다. 이들에게는 대통령을 지지하는 것과 문화상품을 구매하는 것은 별개였다. 상품 구매에 욕심이 없거나 살 필요를 느끼지 못하는 이들도 있기 때문에 문재인 대통령과 관련된 문화상품을 구입하는 행위 자체를 문재인 대통령 지지자들의 특성으로 보기는 어렵다.

한편, 문재인 대통령이 소속된 더불어민주당도 2019년 5월 문재인 대통령 취임 2주년을 기념해 최초의 공식 문화상품을 제작했다. 동그랗고 투명한 유리 안에 청와대와 취임식을 배경으로 문재인 대통령의 모형을 넣은 스노우글로브snowglobe(스노우볼)가 바로 그것이다. 더불어민주당은 선거법에 따라 당원 대상으로 판매했는데, 약 30분 만에 한정 수량이었던 3,000개가 전부 품절됐고, 전체 구매자의 10퍼센트 정도가 스노우글로브를 구입하기 위해 더불어민주당 당원으로 가입한 것으로 알려졌다.[12]

일각에서는 이러한 현상을 문재인 대통령 지지자들만의 유별난 특성으로 보지만, 문화상품은 종종 미국과 대만 등 해외에서 대표적인 정치인 후원금 모금 수단으로 활용된다. 이때 문화상품은 합법적이며 투명하게 선거 자금을 모으는 방식으로 쓰이는데, 그 판매량이 시민들의 뜻을 가늠하는 기준이 되기도 한다. 반면 한국에서는 공직선거법 제90조에 따라 문화상품 활용이 제한되고 있다. 공직선거법은 1994년에 제정돼 금권선거 단절 등을 지향하는 시대적 가치를 담고 있지만 신인 정치인 제약 등 오늘날 현실과 맞지 않은 점도 많아 개선이 필요하다는 의견도 있다.[13]

현대사회에서 소비는 하나의 실천 행위로도 인식된다. 시민 참여가 정치적 소비주의로 일부 구현되는 이유는 각 개인이 정치적 주체이면서 소비하는 경제적 주체로서, 주권자와 소비자 정체성이 일체화되었기 때문이며,[14] 이러한 현상에는 세계적인 소비문화가 반영되어 있다.[15] 문화상품은 긍정과 부정의 양가성을 갖기에 정치가 단순히 소비문화의 대상으로 전락하지 않도록 비판적으로 검토할 필요가 있다.

팬덤 양식을 차용한 시민 정치

2000년대부터 엄숙함을 탈피하고 정치와 유희를 결합하는 시민들의 참여 문화가 발견됐다. 그리고 2008년 촛불집회를 전후해 청소년과 젊은 여성은 적극적인 사회참여 주체로 새롭게 주목받았다.[16] 정치 의제를 형성하는 주체가 다양해지면서 특히 남성 중심의 참여 문화가 탈피되고 성별에 따른 역할 규정이 점차 옅어졌다. 또한 정치 담론 형성 및 사회참여 과정에서 여러 가지 방식이 적용되는 변화를 감지할 수 있게 됐다.

예를 들어 문재인 대통령 지지자들은 '달봉이'를 사용한다. 일부 지지자들은 문재인 대통령의 성姓인 '문'을 '달moon'로 바꿔 '달님'으로도 부른다. 달봉이는 문재인 대통령을 상징하는 달 형상이 들어간 응원봉을 말한다. 문재인 대통령 지지자들은 왜 연예인 팬덤 문화에서 익숙하게 쓰이는 응원봉처럼 예쁜 달봉이를 만들었을까?

2019년 검찰 및 언론 개혁 촉구 촛불집회에 참석한 일부 시민들은 촛불 대신 각자 가지고 있던 아이돌 응원봉을 사용했다. 바람에 꺼질 수 있는 촛불을 대신했던 LED 응원봉은 강렬하게 빛났고, 그 때문에 응원봉을 든 참석자들의 존재가 부각됐다. 그러자 다른 참석자들도 응원봉에 많은 관심을 보였다.

이 사실이 알려지자 문재인 대통령 지지자들도 밝은 응원봉을 갖고 싶다는 의견을 공유했다. 같은 생각을 했던 이들은 온라인 네트워크를 매개로 우연히 연결됐고, 놀랍게도 서로의 신분을 밝히지 않은 채 서로의 재능을 나누며 달봉이라는 응원봉을 제작했다.

달봉이 외에도 불빛이 들어오는 여러 제품에 '이니봉'과 같은 이름을 붙여 촛불집회에 썼던 사람들도 있었다. 문재인 대통령 지지자들이 이처럼 연예계에서 주로 쓰이는 응원봉 등의 상품을 제작해 사용했던 것은 무엇보다 더욱 강렬하고 주목받는 의사 표현을 할 수 있기 때문이다.

문재인 대통령을 지지하는 글귀를 담은 플래카드, 문재인 대통령 사진을 부착한 머리띠 등을 사용하거나 현장에서 문재인 대통령의 모습을 찍어 공유하는 것, 나아가 2차 가공을 통해 문화상품을 제작하거나 구입해 지지 의사를 밝히는 것도 비슷한 맥락이다. 정치 영역에서 활용되는 사례가 드물었을 뿐, 이는 시민들의 일상적 삶에서 익숙한 행동 양식이다. 시민들은 보다 익숙하고 효과적인 방법을 통해 자신의 사회적 의사를 표현하고 싶다는 소망으로 문화 영역에서 활용되는 수단을 정치 참여 과정에도 적용하고 있다.

현상 자체만 놓고 보면 지지자들이 연예인에 열광하듯 대통령을 추종해서 이런 일들이 벌어지는 것처럼 읽히기 쉽지만, 그 이면에는 문화 팬덤 양식을 차용해 효과적인 정치 참여 수단을 만들어내려는 의도가 있다. 이들이 문화 팬덤 양식을 차용하는 것은 그것이 그들에게 어렵지 않고 친숙하게 쓸 수 있는 방법인 동시에 정치에 관한 심리적 장벽을 허물어 다른 사람의 관심과 참여를 유도할 수 있는 방법이라고 생각하기 때문이다.

정치인 지지자들이 연예인 팬덤처럼 응원봉을 흔든다며 그 자체를 우려하거나 비판하는 일부 사람들의 견해는 많은 경우 연예계 팬덤에 대한 부정적 견해를 바탕으로 한다. 또한 그런 입장은 정치인 지지자이면서 동시에 연예계 팬덤의 행위자로서 정체성과 경험이 교차하고 중첩될 수 있음을 간과한다. 만일 달봉이를 아이돌 콘서트에 들고 가는 시민이 있다면 이것은 어떻게 해석할 것인가? 여기에 문제가 없다면 반대의 상황은 왜 문제인가? 정치와 문화 양식이 상호 교환적으로 활용되는 것을 무조건 틀렸다고 볼 수 있는가? 이와 같은 현상은 정치 소비주의와 또 다른 맥락으로 읽을 필요가 있다.

혹자는 문재인 대통령을 부르는 일부 시민들의 표현이 '달님' '이니' '문프'('문재인 프레지던트'의 줄임말)라는 것 자체도 문제라고 생각한다. 시민들에게 국회의원과 대통령은 '보스 정치' 시절처럼 더 이상 존경의 대상만이 아니다. 현대사회에서 시민들은 자신이 국회의원과 대통령에게 권력을 부여하는 주권자라는 의식이 강하며, 동등한 관계에서 그들을 지지하고 있다. 정치인 혹은 대통령을 친근한 별명으로 부르는 현상은 그들에 대한 시민들의 인식이 과거와 달라졌기 때문이다.

반대로 문화 영역에서도 정치 영역의 행동 양식을 연계해 활용하는 양상을 엿볼 수 있다. 제도 정치에서 쓰이는 어휘나 프레임이 문화 팬덤 내부에 적용되거나,[17] 아이돌 오디션 프로그램에서 투표 형식을 차용하는 것 등이 대표적이다. 즉 '정치의 팬덤화' 현상뿐 아니라 '팬덤의 정치화' 현상 역시 존재한다는 점에서 '팬덤 정치'라는 용어의 한계는 더욱 명확하다. 정치의 전 세계적 미디어화는 다른 영역 간의 상호 연계성을 더욱 촉진하고 있다.[18]

정보사회에서 정치적인 것과 비정치적인 것의 경계는 점점 흐려지며 상대화되고 있다.[19] 오늘날 정치 행위와 비정치 행위는 명확히 구별되기보다 상호 교차하는 특징을 보인다. 이러한 양상이 문재인 대통령을 지지하는 시민들에게 두드러지게 나타난 것은 사실이지만, 문재인 대통령 지지자들에게만 해당하는 특징으로 보기는 어렵다.

팬덤 문화가 존재하지 않았을 때도 인물에 주목하는 현상은 언제나 있었고, 그러한 흐름이 지금도 여전히 지속되고 있음을 기억할 필요가 있다. 오늘날 '팬덤 정치'로 불리는 '인물 지지 정치' 현상의 핵심은 제도 정치 행위자를 비롯한 '사회 권력 불신'에 있다. 이로 인한 직접행동의 필요성을 느끼는 시민들이 참여 의지를 강화하는 과정에서 새로운 의사 표현 방식으로 차용하는 것이 팬덤의 문화 양식인 것이다.

대중문화 양식을 차용한다고 해서 지지자들을 '대중문화 팬덤'과 동의어로 서술해서는 안 된다. 문재인 대통령 지지자들의 정치 참여 특징을 '팬덤'이라는 개념 또는 분석 틀로 설명하려는 것은 대단히 협소하고 게으른 시도다. 오늘날 정치인을 지지하는 방식은 과거와 달라지고 있다. 또한 문재인 대통령 지지자들은 단지 문재인 대통령을 위해 사회에 참여하는 것이 아니라, 사회 변화를 이루기 위한 하나의 방법으로 문재인이라는 인물을 선택해 지지하는 것에 가깝다. 특정한 인물이나 집단의 통솔을 받는 대신, 자신들의 존재를 드러내고 적극적으로 의사를 표출하기 위해 여러 자원을 동원하고 활용하는 지지자들의 특징을 포착해야 한다.

6장

정치 불신 시대의
인물 지지 정치

요약: 민주주의와 시민 정치

인물 지지 정치를 둘러싼 담론

민주주의는 위기인가 아닌가를 주제로 논쟁이 벌어지고 정치 불신이 심해지는 오늘날 시민들은 어떠한 방식으로 사회에 참여할까? 가장 대표적인 것은 직접행동이다. 직접행동은 사회 권력을 신뢰하지 않을 때 더욱 두드러진다. 참여 인원으로든 진행 기간으로든 한국에서 역대 최대 규모로 전개됐던 2016~2017년의 촛불집회는 다른 국가들에서 '시민 직접행동의 모범 사례'로 평가되기도 했다. 그러나 당시 촛불집회 현장에서는 직접민주주의를 요구하는 시민들의 의견이 존재했다.

현대사회에서 시민들은 과거보다 확장된 범위의 의제를 사회에 반영하기 위해 정치적 의사 표현을 비롯한 자생적인 사회 참여 행동을 시도한다. 시민들은 그동안 축적됐던 사회운동 양식을 그대로 혹은 다르게 활용하기도 하고 새로운 형식을 가미하기도 하면서 다양한 정치 참여 방식을 모색한다. 이런 변화가 결과적으로 제도 정치에 영향을 미치면서 시민들의 직접행동은 언론 및 정치 담론의 화두로 부상했다. 그러나 기존의 제한되거나 경직된 정치 참여 개념이 변화하는 시민들의 직접행동을 논란거리로 만들었다.

민주공화국인 한국에서 시민 참여는 사회의 필수 구성 요소로 인정되며 당위적으로 중요하다는 공통된 인식이 공유되고 있다. 그러나 일상의 공적·사적 영역에서 시민이 구체적으로 실행할 수 있는 참여 방법을 나누거나 시민 참여가 가능한 구조적 여건인지를 검토하고 그것이 실현될 수 있도록 환경을 조성하기엔 관련 논의조차 부족한 실정이다. 여기에는 사회, 특히 정치 관련 대화가 특정한 집단에게만 의미 있는 것처럼 여겨지거나 관계 단절을 야기할 수 있는 위험한 소재처럼 금기시되는 분위기도 작용한다.

민주주의 체제의 권력은 수직적인 것과 수평적인 것으로 구분할 수 있다. 의회와 법원 등 수직적 권력만큼 중요한 것이 선출 또는 비선출 권력을 문책할 수 있는 시민들의 수평적 권력이다. 일종의 '시민 직접행동의 모범 사례'를 만들었던 한국이지만, 한편으로 시민들의 마땅한 권리인 정치적 표현과 집합행동을 문제인 것처럼 오도하는 관점이 지금도 자주 발견된다. 이러한 상황은 사회운동 행위자인 시민들을 사회에 손실을 입히는 사람들로 낙인찍는 문제와도 연관되어 있다.

2000년대 이후 한국사회에 등장한 새로운 형태의 시민 정치 참여는 '팬덤 정치'로 대거 정의·서술되고 있다. 언론 및 정치 담론의 주류적인 견해는 '팬덤 정치' 행위자인 시민과 그들의 집합행동을 비정상 혹은 문제 행위로 규정하며 통제·규제를 시도한다. 즉 '팬덤 정치'로 불리는 시민 정치 참여를 정치 불신의 사후적 현상으로 읽기보다 정치 문제를 양산하는 원인적 현상으로 다루는 경향이 강하다. 여당과 야당의 구분 없는 '팬덤 정치 책임론'은 하나의 단적인 사례다.

국민의힘은 2022년 3월에 치러진 제20대 대선 이후 집권 여당이 됐고, 같은 해 7월에 '대통령 직속 국민통합위원회'를 출범했다. 국민통합위원회는 "팬덤 정치의 출현이 토론과 타협을 어렵게 하고 국민 통합을 저해하고 있다"고 밝히며 2022년 10월 '팬덤과 민주주의 특별위원회'를 출범했다. 한편 제1야당인 민주당은 제20대 대선에서 "팬덤 정치 때문에 선거에서 졌다"고 진단하며 '팬덤 정치 책임론'을 띄우더니, 제18대 전국동시지방선거가 끝난 이후로도 '팬덤 정치' 때문에 중도층의 투표가 적어서 패배했다는 당내 의견까지 전해졌다.

여당과 제1야당의 주장처럼 '팬덤 정치' 현상이 없어지면 오늘날 만연한 정치 문제가 정말 해소될까? 유감스럽게도 그렇지 않다. 국민의힘 주장처럼 국민 통합을 저해하는 주된 원인이 '팬덤 정치'인가? 더불어민주당 주장처럼 선거를 통해 집권 여당이 되지 못하거나 많은 의석수를 얻지 못하는 주된 원인이 '팬덤 정치'인가? 결코 아니다. 근본적인 정치 문제는 정당이 신뢰받지 못하는 '원인'에 있지 '팬덤 정치'라는 '결과'에 있지 않다.

'팬덤 정치'로 불리는 시민들의 정치 참여 과정에 문제가 없다고 이야기하는 것이 아니다. 그러나 오랜 기간 겹겹이 누적되어온 정치 문제의 원인과 책임을 시민들에게만 전가하는 것은 무능한 정당정치의 현실을 드러내는 것에 불과하며, 명백히 무책임하고 기만적인 행위다. 문제 해결을 위해서는 원인부터 제대로 따져봐야 한다. 의도적으로 더 많은 사회적 혼란과 적대를 생산할 목적이 아니라면 '팬덤 정치 책임론'은 대안이 될 수 없다. 당장 정당이 제도 정치에서 야기되는 사회 균열과 갈등을 직시하지 않는다면 정치 불신과 그로 인해 발생하는 사회문제는 해결되기 어렵다.

더욱이 1장에서 살펴본 것처럼 '팬덤 정치'는 시민 정치 참여 과정을 분석하는 개념이자 지표로 적절하지 않다. 개념이 제대로 정립되지 않은 데다 제각기 다른 정의가 난무하는 상황이라 해석 기준도 확립되어 있지 않다. 또한 현대 정당정치와 시민 정치 참여에 관한 중요한 논의로 확장되기보다 대부분 현상에 대한 찬성 또는 반대로 담론이 국한되는 한계가 있다. 무엇보다 부정적 낙인을 통해 시민들의 영향력을 문제 삼기 쉽고, 그만큼 대의 권력 평가 문제나 시민들의 정치적·사회적 문제의식을 은폐 또는 소거하기도 쉽다. 시민들의 정치 참여를 성찰적이고 비판적으로 분석해보는 데도 적합하지 않다.

시민들의 정치 참여 양상은 사회 및 정치 구조에 영향받는다. 또한 시민들의 참여 행동 수단은 과거의 역사가 축적된 결과인 오늘날의 환경과 밀접하게 연관된다. 일부 새로운 방식을 접목하더라도 현실에 기초해 실행 가능성을 검토할 수밖에 없기 때문이다. 더 나은 사회로 이행하기 위한 시민 정치와 참여 문화를 지향한다면 더더욱 사회적·정치적 구조와 토대를 같이 살펴봐야 한다. 의지나 적대만으로 해결할 수 있는 문제는 없다. 시민의 정치 참여 자체를 문제 삼는 순간, 발화자의 의도와 상관없이 정치 참여는 위축되고 경직될 수 있음을 간과해선 안 된다.

문재인 대통령을 지지한 시민들의
인물 지지 정치

이 책은 '인물 지지 정치'라는 개념을 통해 문재인 대통령 지지자를 중심으로 시민 정치와 참여 문화에 대한 이해를 시도했다. 인물 지지 정치란 신뢰할 수 있는 행위자를 선택해 제도 정치에 등장시키고 직접 선출한 권력을 지지하며 힘을 실어줌으로써 사회를 바꾸려는 시민들의 정치 참여 행위이자 사회현상을 말한다. 정당 민주화를 요구하는 과정에서 대두하여 보수 집권 세력에 대한 저항 의식이 강하게 드러났는데, 이는 오늘날까지 이어지는 인물 지지 정치의 중요한 특징이다. 그러나 현재 인물 지지 정치는 정치인 또는 지지자의 정치 이념과 상관없이 다수 시민의 참여 형태로 지속되고 있으며, 다른 국가에서도 발견된다.

2000년대 이후로 정치인과 지지자, 그리고 정치인 지지자들 사이의 '관계 맺기' 방식이 질적·양적으로 달라졌다는 것을 아는 것이 중요하다. 과거에도 인물 중심의 정치는 존재했다. 이른바 '보스 정치'가 행해진 시절에는 사회적으로 존경받는 정치인을 중심으로 꾸려진 후원회나 등산회 등 정치적 사조직이 활성화됐다. 당시 시민들은 동원되는 대상에 가까웠고, 정당이나 언론을 통해 정보가 선별되어 유통됐던 만큼 시민들이 여론 형성을 주도하기 어려웠다.

반면 오늘날 시민들은 자발적이고 적극적인 주권자 의식을 바탕으로 다른 사람과 자유롭게 연대한다. 그리고 신뢰하는 정치인을 제도 정치 행위자로 선택해 지지함으로써 사회를 바꾸려 한다. 이런 형태의 인물 지지 정치는 노사모에서 시작됐다. 노사모는 특정한 사회적 가치를 표상하는 정치인과 자생적인 지지 세력으로 등장한 시민들이 네트워크를 기반으로 직접 연결된 최초의 시민 결사체였다. 현재 시민 다수는 정당에만 의존하지 않으면서 동시에 당원으로도 활발히 참여하는 특징을 보인다. 또한 과거와 달리 정당이나 언론의 견해를 그대로 수용하지 않고 사실관계를 파악해 프레임을 다시 구성하기도 한다.

인물 지지 정치의 주요 배경으로 두 가지를 짚을 수 있다. 첫째, 정당이나 의회를 통한 대의 기능이 부재하다는 시민들의 평가에 기반한다. 이런 진단에는 사회적 의제를 형성하거나 입법화하는 과정에서, 그리고 대의 권력을 부여받는 제도 정치 행위자의 선출 과정에 시민들의 뜻이 제대로 반영되지 않고 있다는 비판이 담겨 있다. 둘째, 인터넷 도입 및 개인 미디어 확산 등 정보통신 기술의 발달과 국민참여경선제 등의 시행이 시민들이 의견을 개진하며 직접행동을 할 수 있고 동시에 제도 정치 행위자를 직접 선출할 가능성을 높이는 정치적 기회구조가 됐다.

인물 지지 정치를 수행하는 시민들은 대의 권력 불신 문제를 탈정치나 반민주주의 가치 확산이 아닌 사회참여 의지 강화의 계기로 삼는다. 민주적 시민의식을 학습한 이들에게 민주주의는 쉽게 부정될 수 없는 중요한 지향점이다. 이들이 신뢰할 수 있는 정치인을 통해 사회 변화의 가치를 투영하고 이를 실현하려는 것이 인물 지지 정치의 핵심이다. 시민들이 정치인을 지지하는 직접행동과 동시에 대항자를 통해 간접적인 형태로 사회 변화를 추진하는 인물 지지 정치를 수행하는 것은 시민으로 행사할 수 있는 실질적 권한이 극히 적다고 체감하기 때문이다.

문재인 대통령을 적극적으로 지지하는 시민들은 주체적이고 복합적인 사고 과정을 통해 문재인 대통령 지지를 결정했다. 문재인 대통령은 지지자들에게 '부정의'한 대의 권력과 구별되는 존재이고, 청산해야 할 부패 권력과 대항할 수 있는 '정의'를 상징하는 인물이다. 호명되어 정치권에 입문한 문재인 대통령에게 지지자들은 사명감, 고마움, 미안함 등의 복합적인 감정을 느낀다. 지지자들에게 이러한 감정은 인물 지지 정치를 지속할 수 있는 하나의 원동력이자 '우리'라는 정체성을 형성하고 정치적 냉소주의를 물리치는 기제로 작동한다.

시민들의 인물 지지 정치는 단지 지지하는 정치인을 위한 활동을 의미하지 않는다. 특정한 정치인을 지지하는 것은 사실상 사회 변화를 추진하는 한 가지 방식에 가깝다. 시민들은 정치로부터 멀어지는 것의 위험성을 지각하고, 사회적 의제를 형성하는 과정에서 할 수 있는 한 가지 방안으로 인물 지지 정치를 수행하고 있다. 이러한 행위의 바탕에는 공적 책임감과 사회 지향성이 존재한다.

문재인 대통령 지지자들은 그들이 신망하는 정치인 문재인이 대통령에 당선됐다고 해서 한국사회의 정치적 현실이 이전과 크게 달라질 거라고 내다보기보다 그것을 사회 변화의 가능성이 열린 과도기적 상황으로 인식했다. 따라서 사회적 혼란이 발생할 수 있고 그것이 불가피함을 감안하며 문재인 대통령이 안정적으로 국정을 운영할 수 있도록 지지를 이어갔다.

지지자들이 문재인 대통령에게 절대적인 지지 세력이 되어주려는 것은 노무현 대통령을 향한 부채감 때문이기도 하지만, 그보다는 개혁의 움직임을 반대하는 세력의 존재와 그들의 정치 보복 가능성을 인식하기 때문이다. 정치 보복에 대한 우려와 위기 의식은 문재인 대통령 지지 여부와 무관하게 한국에서 살아가는 많은 시민에게 발견된다. 시민들은 정의를 상징하는 인물을 사회적 탄압이나 정치적 타살로부터 보호하는 동시에 사회를 바꾸기 위한 방법으로 해당 인물에게 절대적인 힘을 부여하려는 경향을 보인다. 다시 말해 절대적 지지로 표상되는 '인물 지키기'는 상하 관계에 따른 맹목적인 숭배가 아니라 대의제 민주주의에 대한 신뢰도가 낮은 사회 환경에서 비롯된다.

이 책의 연구참여자 13명은 모두 더불어민주당 당원이었고, 그중 11명은 권리당원이었다. 이들은 모두 어떤 정당도 민의를 대변하지 않는다고 평가하면서도 더불어민주당 당원으로 참여했는데, 그 이유는 다음과 같았다. 첫째, 시민으로서 의견을 개진하고 의제를 표출하기 위한 사회적 창구로서 정당의 중요성과 필요성을 인식했다. 둘째, 거대 양당 중심 등 정치 환경을 고려할 때 더불어민주당이 가장 낫다고 평가하거나 다른 정당은 대안이 될 수 없다고 생각했다. 셋째, 문재인 대통령이 소속된 정당으로서 신뢰하며 당원의 입장에서 대통령의 국정 운영에 추진력을 실어주고자 했다.

인물 지지 정치의 또 다른 중요한 특징은 과거에 했던 제도 정치에 참여하지 않는 것이 아니라, 이것을 포함해 과거에 없었던 비제도적 정치 참여 및 사회참여 행동에도 적극적이라는 점이다. 문재인 대통령 지지자들은 전통적인 정치 참여 방식인 정당 가입과 활동에 관심을 가지며 제도 정치에도 존재감을 드러냈다. 물론 그렇다고 문재인 대통령 지지자와 더불어민주당 당원을 동일하게 여겨서는 안 된다. 연구참여자 13명은 모두 더불어민주당을 지지해서 문재인 대통령을 선택한 것이 아니라, 문재인 대통령을 지지하기에 더불어민주당을 선택한 쪽에 가까웠다. 이들은 문재인 대통령이 임기를 마친 후에도 지지하겠다는 의사를 밝히면서도 더불어민주당을 이탈할 가능성을 내비쳤다.

문재인 대통령 지지자들은 단일한 조직의 구성원이 아니라 개별 단위의 행위자이다. 이들의 네트워크는 다양하고 추산 불가능하다. 네트워크 사회에서 개인은 여러 네트워크에 자유롭게 합류하거나 이탈할 수 있으며, 이전에 강조되던 조직은 더 이상 정치 참여 과정에서 필수 조건으로 고려되지 않는다. 이들에게는 통합된 조직도 없고 통일된 이름도 없으며 지도부 체제도 없다. 자발적인 선택에 따라 사안별로 연대하는 만큼 이질적이고 다양하다. 그동안 이들이 '실체가 없다'고 서술된 이유는 이들이 하나로 귀결되지 않고 이합집산하기 때문이다.

문재인 대통령 팬카페 또한 다양하며, 일부 지지자들의 거점 공간이긴 하지만 노사모 때와 다르게 대표성을 띠는 팬카페가 존재하지 않는다. 2015년과 2016년에 문재인 대통령 주요 팬카페들이 통합을 시도한 바 있으나, 지지 방식과 활동 문화의 차이로 분산된 이후 각각 운영되고 있다. 문팬은 문재인 대통령 공식 팬카페로 시작됐으나 2016년 6월부터 하나의 개별 카페로 운영되고 있다. 현재 가장 인원이 많고 활동이 왕성한 팬카페는 젠틀재인이다. 문팬과 젠틀재인은 문재인 대통령을 절대적으로 지지한다는 대표적인 공통점 외에 차이점이 훨씬 많다. 그만큼 외부에서 오해하는 단일한 규정에 민감하다.

오늘날 시민은 사회운동의 주체이자 정치 행동의 주체로서 시민 참여 범위를 확장해나가는 경향을 보인다. 그리고 정치 의제화 형성 주체의 확대로 시민 참여 과정에서 성별에 따른 역할은 규정되기보다 해체·재구성되고 있다. 또한 정치 영역과 문화 영역에서 각각의 행동 수단이 교차하고 중첩되며 연계되는 경향을 발견할 수 있다. 정치인 지지자들이 대중문화 팬덤 양식을 활용하거나 유희의 문화를 형성하는 것은 정치를 잘 모르거나 가볍게 여기기 때문이 아니라 정치에 심리적 장벽을 느끼는 다른 시민들을 참여 과정으로 이끌고 그에 대한 사회적 관심을 확장시키기 위함이다. 말하자면 익숙한 방식을 사용해 더 많은 참여자의 유입을 이끌어내는 전략적 성격이 강하다.

인물 지지 정치를 통해 제도 정치에 영향력을 행사하는 시민들의 참여 행동은 단순한 정치 효능감에 의한 것이라기보다 대중문화에서 학습했던 여러 경험과 열정이 더해진 것이라고 본다. 물론 이러한 참여 행위를 긍정적으로만 보기 어려운 측면도 있지만 그렇다고 해서 지지자들의 행동 논리를 왜곡하거나 과소평가해서도 안 된다. 이러한 특징이 비교적 젊은 세대로 이뤄진 문재인 대통령 지지자들에게서 좀 더 선명히 드러나는 것은 사실이지만, 그 외 다른 정치인 지지자들 역시 유사한 면모를 보인다.

한편, 차기 당선자를 뽑는 제20대 대선을 앞두고 문재인 대통령 지지자들은 후보자의 자질과 소속 정당 중 무엇을 우선 순위에 둘 것인지를 놓고 뚜렷한 견해 차를 보였다. 이것은 문재인 대통령 지지자들을 가르는 중요한 전선이 됐다. 문재인 대통령을 지지하는 시민 다수는 진보와 보수라는 이념적 구분에 따라 무조건 투표하기보다 어떤 정당 후보든 민주적 가치와 절차에 맞게 정치적 대표자가 선출되어야 한다고 생각했다. 그리고 그와 같은 이유로 더불어민주당과 이재명 더불어민주당 대선 후보자에게 강한 불신을 드러냈다. 이로써 문재인 대통령 지지자들은 제20대 대선을 전후로 정당 안팎에서 갈등하고 쟁투했다.

제언: 시민편

혹자는 정책 또는 이념을 지지하는 것과 인물을 지지하는 것을 구별하고 후자를 버려야 한다고 주장한다. 그러나 이러한 관점은 정치의 복잡성을 사고하지 않은 채 이분법적 구도를 전제한다는 점에서 문제가 있다. 인물은 정책 또는 이념만큼 중요하게 고려돼야 한다. 제도·정당·체제는 결국 이념을 가진 사람들을 통해 구현되거나 바뀔 수 있기 때문이다. 게다가 시민들이 인물을 지지한다고 해서 정책과 이념을 따지지 않고 인물의 이미지만 보고 지지한다고 단정할 수도 없다.

어떤 자질을 가진 인물을 선출하고 지지할 것인가라는 질문은 민주주의 및 대의 권력 지형과 연계되는 논의 주제로 매우 중요하다. 문제는 인물 지지 정치 그 자체가 아니다. 다만 인물 지지 정치가 전개되는 양상을 살펴볼 때 심각하게 우려되는 점이 분명 존재한다. 일단 인물 지지 정치는 시민들이 특정한 인물을 통해 사회 변화를 추진하려 한다는 점에서 대리전 성격의 간접적 시민 참여 형태로도 볼 수 있는데, 시민들이 지지하는 인물의 행동 및 상황에 따라 결과 또는 파장이 달라질 수 있다는 내재적 특징이 있다. 또한 인물 지지 정치를 수행하는 시민들의 당대 참여 문화에 영향을 받기 때문에 시대적 한계와도 연관된다.

인물 지지 정치를 비롯한 시민들의 참여 행동은 공통의 사회적·정치적 지반 위에서 전개되며, 행위와 구조는 서로 영향을 주고받는다. 그렇기 때문에 사회구조와 정치 환경이 개선될 때 인물 지지 정치가 보다 긍정적인 양상으로 바뀔 가능성이 높다. 하지만 그렇다 하더라도 인물 지지 정치에 비판적 성찰이 수반될 때 사회 변화를 추구하는 그 본래의 취지가 더욱 잘 실현될 수 있다. 따라서 문재인 대통령 지지자들의 정치 참여에서 발견한 인물 지지 정치 한계를 분석하고 제언을 덧붙이려 한다.

정치적 사고와 주체적 판단을 통해 문재인 대통령을 지지하는 시민들은 한편으로 대통령의 결정에 관해 자신들의 판단을 상당히 유보하거나 전적으로 위임하는 경향을 보였다. 이것은 사익이 아닌 공익의 가치를 우선하는 대통령의 정무적 판단 기준과 결정을 신뢰하고, 동시에 불신하는 사회 권력의 무분별한 공격으로부터 자신이 지지하는 인물을 보호하려는 의지가 강하기 때문이다. 그러나 대통령 역시 구조에 놓인 행위자이자 행정부 수반으로서 정치적 판단을 고려할 수밖에 없다. 대통령이 평가받는 위치에 있고 자신이 내린 정치적 결정에 대해 책임져야 할 사회적 인물이라는 점을 상기해야 한다.

한국에서 국가의 권력은 입법·사법·행정이 분리된 삼권분립의 원칙에 기초한다. 권력의 균형을 위한 감시와 협조가 삼권분립의 핵심이지만, 지지자들은 이것이 제대로 작동하고 있지 않다고 평가한다. 따라서 행정, 즉 신뢰할 수 있는 행위자로 선출한 대통령에게 힘을 부여해 사회를 바꾸려 한다. 대통령에 대한 평가가 상황에 따라 달라질 수 있음을 가정하지 않고 힘을 실어주려 하다 보니 종종 비일관적이거나 맹목적인 행위를 일삼기 쉽다. 그러면 절대적인 지지 방식만이 인물 지지 정치의 결과로 각인되고 만다. 그러나 절대적인 지지 방식은 근본적으로 지지자들이 지향하는 삼권분립 원칙에도 위배된다. 행정 권력인 대통령 또한 감시와 견제를 받는 것이 중요하기 때문이다.

대통령이 표상하는 가치나 지향하는 목표에 지지자들이 동의하고 힘을 싣는 것은 자연스러운 일이지만 시민으로서 반드시 그와 일정한 거리를 둬야 한다. 그렇지 않으면 지지자는 대통령과 동일한 존재로 간주되어 결국 수동적인 시민으로 전락할 수밖에 없다. 지지자라는 강한 정체성을 드러내는 일은 시민들의 사회 변화를 위한 참여 행동마저 대통령을 위한 지지 활동인 것처럼 오해하게 만드는 요인으로 작용할 수 있다. 이렇게 되면 결국 다른 시민들의 동의나 지지를 이끌어내기 어렵다.

대통령에 대한 지지자들의 감시와 견제가 생략되면, 오히려 대통령은 어떤 결정을 내리는 데 더 큰 책임과 부담을 안게 될 수 있다. 또한 대통령의 잘못된 판단을 되돌릴 수 있는 기회를 영영 가질 수 없게 된다. 이로 인해 궁극적으로 분출돼야 할 사회문제가 상쇄되거나 더 나은 대안을 마련할 수 있는 토론이 제한된다면 장기적으로 누적된 구조적 문제를 해결하고 건강한 사회로 이행하기 위해 필요한 선택지를 만들어내기 어렵다. 따라서 사회 변화를 위한 대통령 지지와 참여 행동이라는 취지에 '비판 없는 지지'는 부합하지 않음을 수용해야 한다.

대통령에 대한 지지 의사를 고수하는 것과 대통령을 향해 비판의 목소리를 내는 것은 별개의 행위이다. 즉 대통령을 비판하는 것이 대통령을 배반하거나 사회 변화의 추진력을 감소시키는 것은 아니다. 절대적 지지의 강박에서 벗어나지 못하면 근본적인 사회 변화를 이루기 어렵다. 또한 포용과 관용의 가치를 전제로 혐오와 배제의 행위에 대해 더욱 단호히 비판할 때 더 많은 사람을 설득할 수 있고, 그만큼 공감을 통한 동력을 이끌어낼 수 있다.

다른 한편으로, 인물 지지 정치는 극단주의로 연결될 위험이 있다. 더 많은 지지층의 유입을 위해 또는 국정 운영의 힘을 잃지 않기 위해 분투하는 참여 행동이 절대적 지지라는 방식을 강화하기도 했지만, 또 다른 측면에서는 어떤 인물을 지지할 것인가에 주목하는 것에 비해 축적된 제도나 정당, 체제가 상대적으로 경시되는 경향이 엿보였다. 다수의 지지자가 알고 있는 것처럼 대통령을 지지하는 것만으로는 현실을 바꾸기 어려우며, 과잉된 집단 의지로 혹은 또 다른 인물에게 기대는 방식으로 해결할 수 있는 문제는 매우 드물다. 구조와 체제 자체의 중요성을 인식하고 그것의 개선 방안에도 관심을 기울이며 연대해야 한다. 그리고 지지하는 인물에 대한 비판적 관점을 잃지 말아야 한다.

민주주의 사회에서 시민들의 권리와 영향력을 인식하고 정치 효능감을 배양하는 것은 중요하지만 그렇다고 시민들의 의지와 역량을 무조건적으로 과대평가해서는 안 된다. 시민들의 의지만으로 정부를 완벽하게 구성하거나 민주주의 가치를 수호할 수 있다고 생각하는 것은 역사적 사례를 간과한 착각이다. 최근에는 탄핵 가능성을 염두에 두고 선거 투표에 임하는 일부 의견도 종종 발견되는데, 탄핵은 어려운 절차일 뿐 아니라 권력의 공백에 따른 위기와 혼란을 초래할 수 있다. 따라서 처음부터 적합한 인물을 선출해 탄핵을 하지 않아도 되는 상황을 조성하는 것이 훨씬 더 중요하다.

덧붙이자면, 포퓰리스트와 극단주의자는 모두 위험하다. 포퓰리스트의 선출을 막기 위한 방법으로 극단주의자를 선출하는 것이 대안이 될 수는 없다. 포퓰리스트와 극단주의자는 모두 민주주의를 퇴행시키거나 부식시킬 수 있으며, 적대적 공생 관계를 형성할 수도 있기 때문에 어느 한쪽의 위험성도 과소평가해선 안 된다. 무엇보다 극단주의는 포퓰리즘만큼 전체주의나 권위주의 정치로 이어질 수 있다. 잠재적 독재자의 위협에서 벗어나 더 나은 민주주의 사회로 이행하기 위해서는 특히 정당의 역할이 중요하다. 시민들은 정당이 정치적 대표자 선출 과정에서 사회적 거름망 역할을 할 수 있도록 감시와 압박을 강화해야

한다.[1]

인물 지지 정치는 동시대적이면서도 장기적인 현상으로, 긍정적으로든 부정적으로든 이후로도 지속될 가능성이 크다. 또한 정치 불신이 해소되지 않고 사회 환경이 달라지지 않는다면 절대적인 지지는 근본적으로 사라지지 않을 수 있다. 어떤 정치인이나 정당도 이 흐름과 책임에서 무관할 수 없으며, 인물 지지 정치를 긍정적인 방향으로 개선하기 위해서는 인물 지지 정치를 수행하는 시민들의 노력뿐 아니라 정당을 포함한 전반의 정치 환경 개선이 필요하다.

끝으로, 문재인 대통령을 지지하는 시민들이 한국사회에 처음부터 '문재인 지지자'로 존재한 것이 아님을 기억할 필요가 있다. 이들은 반드시 '문재인 지지자'로만 살아가지 않는다. 이들이 공유하는 한국사회와 정치에 대한 문제의식을 일종의 피해의식처럼 축소하거나 국한하려는 태도는 더욱 뿌리 깊은 정치 불신을 양산할 수 있다. 문재인 정부의 임기가 종료된 오늘날 문재인 대통령을 지지했던 시민들은 사라졌는가? 전혀 그렇지 않다. 단지 지금 당장 우리의 눈에 띄지 않을 뿐이다.

（3）

첨언: 정당편

인물 지지 정치의 핵심은 시민들이 신뢰하는 정치인을 지지함으로써 사회 변화를 이룰 수 있는 정치 환경을 구성한다는 데 있다. 인물 지지 정치를 수행하는 시민 다수는 정당의 중요성을 인식하고 당원으로도 활동한다. 그런데 이들은 왜 정당보다 인물을 더 우선하는가? 여기에는 역사적으로 축적된 정치 불신이 자리하고 있다. 간단히 말해 정당은 시민들에게 대의 기구로 신뢰받지 못하고 있다. 정치가 더 이상 제도 행위자들의 전유물이 되어선 안 된다고 강조되는 배경이다. 정당정치에 대한 비판적 검토는 인물 지지 정치를 이해하고 시정하는 과정에도 중요하다.

　정당은 다양한 시민들의 의견을 수렴하고 의제화를 형성해 입법 형태 등으로 사회에 반영하는 것 외에도 다른 중요한 역할을 맡는다. 시민들의 뜻을 제대로 대변할 수 있는 후보자를 선출하는 일이 그것이다. 또한 후보자로 적합하지 않은 인물이 권력을 얻지 않도록 미리 걸러내는 것도 정당의 의무이다. 정당이 반민주적 인물과 가까운 관계를 형성할 때 민주주의가 붕괴했던 역사를 잊어선 안 된다.[2] 즉 정당은 민주주의를 위협하는 반민주적 인물이 주목받을지라도 권력 창출을 위해 그들과 연합할 것이 아니라 그들이 권한을 잃고 주류가 될 수 없도록 있는 힘껏 막아야 한다.

정당은 민주주의 가치를 기준으로 후보자가 적합한지 판단하고 후보 명단을 꾸려야 하는데, 곰곰이 생각해보면 이것은 인물 지지 정치라는 방식으로 문재인 대통령을 지지했던 다수의 시민이 주장한 내용이기도 하다. 현재 한국사회에서 정당은 전반적으로 시민들의 뜻을 수렴해 대변하는 역할도, 민주주의에 적합한 후보자를 선출하는 역할도 제대로 하고 있지 못하다.

문재인 대통령이 퇴임했던(5월) 2022년에 실시된 제20대 대통령선거(대선, 3월)와 제8회 전국동시지방선거(지선, 6월) 과정을 간략히 살펴보자. 제20대 대선 후보 경선을 통해 거대 양당인 국민의힘과 더불어민주당은 각각 윤석열과 이재명을 대선 후보로 선출했다. 두 명의 후보를 정치적 대표자로 지지할 수 없다는 일부 당원들의 강한 반발과 탈당이 있었으나 후보자 교체 없이 제20대 대선이 시행됐다. 0.73퍼센트포인트라는 두 후보 간 득표율 차이에서 알 수 있듯, 유례없을 만큼 접전을 벌인 끝에 윤석열 후보가 차기 대통령으로 당선됐다. 당시 윤석열 후보는 이재명 후보보다 24만 7,077표를 더 받았는데, 무효표는 그보다 많은 30만 7,542표로 집계됐다. 제18대 대선과 제19대 대선의 무효표보다 두 배 이상 높은 수치였다.

이른바 '비호감 대선'으로 불린 제20대 대선이 끝나고 윤석열 대통령 당선인은 "위대한 국민의 승리가 아닌가 생각한다"고 소감을 밝혔고, 더불어민주당 일각에선 "졌지만 잘 싸웠다"('졌잘싸')고 자평했다. 그로부터 3개월이 흘러 제20대 대선의 연장전으로 인식되기도 했던 제8회 지선이 실시됐다. 이재명 전 대선 후보는 '셀프 공천' 논란을 일으키며 국회의원 보궐선거에 출마를 강행했고 우여곡절 끝에 당선됐다.

지선이 끝난 후 발표된 여론조사 결과(2022)에 따르면, 더불어민주당 대선과 지선 패배의 책임이 이재명에게 있다는 응답이 가장 높았다(35.6퍼센트). 그리고 이재명 의원의 당 대표 출마에 찬성하는 의견(37.1퍼센트)보다 반대하는 의견(56퍼센트)이 더 많았다. 한편 지선에서 국민의힘이 승리한 최대 요인과 더불어민주당이 패배한 최대 요인을 묻는 각각의 질문에는 모두 민주당이 잘못했기 때문이라는 응답이 가장 높았는데, 전자가 64.2퍼센트, 후자가 65퍼센트에 달했다. 더불어민주당의 향후 입지에 대해서는 "위기와 갈등 극복에 실패해 분당될 것"이라는 응답이 34.1퍼센트로 가장 높았다.[3]

그러나 지선 이후 이재명 의원은 당 대표 선거에도 출마했고 더불어민주당 대표가 됐다. 그러니까 역대급 '비호감 선거'라는 평가를 받았던 제20대 대선의 거대 양당 후보가 제20대 대선과 제8회 지선을 거쳐 각각 대통령과 제1야당의 대표로 확정된 것이다. 이후로도 두 사람의 높은 비호감도는 여론조사 결과로 알려졌는데,[4] 그사이 두 사람은 나란히 허위 사실 공표 혐의로 고발됐고,[5] 대통령 퇴진을 촉구하는 촛불집회와 제1야당 대표 구속을 촉구하는 촛불집회가 같은 날 열리기도 했다.[6]

이러한 최근 상황에서 알 수 있는 것은 두 거대 정당이 공과를 포함한 성찰과 분석을 바탕으로 입장이나 방향을 정하고 있지 않으며, 무엇보다 시민들의 의견을 충분히 수렴하고 취합해 대변한다고 보기 어렵다는 점이다. 심지어 당심과 민심을 명분 삼아 맥락을 무시하고 특정한 목적으로 여론을 활용하려는 경향을 보인다. 그러나 시민들은 수동적인 존재도 동원되는 대상도 아니다. 당권 싸움이나 권력 쟁취를 목적으로 여론 형성 과정에 개입하거나 포퓰리즘 기제를 악용해 시민들을 속이려는 것은 반민주적인 방식이며, 이는 분명히 제재돼야 한다.

정당과 당 지도부는 대의정치를 수행할 의무와 책임이 있다. 눈앞에 보이는 당의 이익보다 국가와 시민, 그리고 민주주의의 가치를 우선해야 한다. 또한 상호 관용과 제도적 자제를 바탕으로 공존할 수 있는 견제 구도를 형성해야 한다.[7] 정권의 교체 가능성은 민주주의의 필수 요건 중 하나이다. '공고한 승리'라는 있어선 안 될 목표를 달성하기 위해 공격의 좌표를 찍는다거나 조직적인 여론 조작을 시도하는 등의 부당한 행위를 해서는 안 된다. 이 당연한 상식이 무시될 때, 그리고 합법과 불법의 경계를 오가는 부당한 행위가 용인될 때 민주주의는 무너진다.

오늘날의 정치적 양극화는 우려의 수준을 넘어 더욱 심각해지는 추세다. 거대 정당의 협치가 이뤄지지 않는 문제로 그치지 않고 적대적 투쟁이 유발하는 정당 간의 적대심이 당원들은 물론 시민들에게까지 확산되고 있다. 적대의 확산은 모두에게 크나큰 해악일 뿐이며 어떤 문제도 해결할 수 없다. 선거에서 이긴다고 해서 모든 권력을 휘두를 수 있는 권리가 주어지는 것이 아님을 명심해야 한다. 또한 정치와 민주주의 운영에서 필요한 것은 타협과 양보, 포용임을 엄중하게 유념해야 한다.

무엇보다 정당 내·외부에서 다양성과 비례성을 확보하려는 시도는 그 자체로 의미 있고 중요하다. 이것은 갈등을 완화하는 데도 분명 도움이 될 것이다. 정당 구조를 개방해 신인 정치인을 발굴하고 당원의 구성과 역할을 확장해 이질성을 높여야 한다. 또한 다당제 등을 도입하고 양당제를 탈피함으로써 정당 안팎의 여러 의견을 확인하고 사회적 의제를 형성해가야 한다. 점점 더 심해지는 정치적 양극화를 조장하거나 외면해서는 안 된다.

한편, 경기 침체가 지속되고 국내 및 국제 정치가 불안정할수록 각 정당은 성찰과 분석을 전제로 예측 불가능성을 줄여가야 한다. 그래야만 담대한 정치가 가능하다. 정당 지도부는 당 차원의 역량을 확보하는 반면 자본 권력과 최대한 관계를 단절하고 자율성을 확보해야 한다. 동시에 당원과 시민의 의견을 수렴하고 숙의 과정을 거쳐 사회문제를 해결해가야 한다. 특히 시민들의 의견을 잘 대변할 수 있는 인물을 민주적 절차에 따라 선출해야 하며, 전반의 과정에서 회계 및 활동에 관한 정보를 투명하게 공유해야 한다.

　사회, 정치, 경제, 문화 등 구조 변동은 민주주의에 대한 도전 또는 기회로 작용할 수 있다. 그리고 정당-당원, 정치인-시민 관계는 유기적이며 언제든 변할 수 있다. 우리 사회가 어떤 민주주의 체제로 나아갈 것인지, 그리고 인물 지지 정치는 어떤 형태로 지속될 것인지 지금으로서는 확실히 알 수 없다. 그러나 정당이 소통과 협상을 전제로 누적된 사회문제를 해결하며 시민들에게 신뢰를 회복해야 한다는 것만큼은 분명하다. 복잡다단한 세계에서 정치 불신을 해소하고 민주주의의 질을 개선하기 위해서는 의지와 실행력이 필요하며 더 많은 사람의 의견이 모아져야 한다. 이때 국민의 뜻과 전문가 집단 사이에서 균형점을 찾는 것이 무엇보다 중요한 과제가 될 것이다. 이와 같은 노력이 사회 전반에서 수반될 때 시민들의 인물 지지 정치는 보다 긍정적인 방식으로 전개될 것이다.

주

여는 글

1 가독성을 고려해 역대 '대통령 당선자'를 모두 '대통령'으로 표기했다.

2 조은혜, 〈'정치 팬덤' 현상과 네트워크 기반 시민정치참여〉, 중앙대학교 대학원 석사학위 논문, 2022.

3 조지프 A. 맥스웰, 《질적연구설계: 상호 작용적 접근》, 이명선·김춘미·고문희 옮김, 군자출판사, 2009.

4 조은혜, 〈'정치 팬덤' 현상과 네트워크 기반 시민정치참여〉, 21쪽.

1장. 논의를 위한 지도

1 Ronald Inglehart, *The Silent Revolution: Changing Values and Political Styles among Western Publics*, Princeton University Press, 1977; 조지프 나이, 《국민은 왜 정부를 믿지 않는가》, 임길진·박준원 옮김. 굿인포메이션, 2001.

2 김도종, 〈한국정치와 정치 불신: 그 의미와 해소 방안〉, 《사회과학논집》 21, 2004, 83쪽에서 재인용.

3 조지프 나이, 《국민은 왜 정부를 믿지 않는가》.

4   마이클 사워드, 《민주주의란 무엇인가》, 강정인 옮김, 까치, 2018, 224~225쪽.

5   신진욱, 〈불평등과 한국 민주주의의 질: 2000년대 여론의 추이와 선거정치〉, 《한국사회정책》 22(3), 2015, 12쪽.

6   신진욱, 〈촛불집회와 한국 민주주의의 진자 운동, 1987~2017: 포스트권위주의와 포스트민주주의 문제의 동시성을 중심으로〉, 《기억과전망》 39, 2018, 57쪽에서 재인용.

7   조지프 나이, 《국민은 왜 정부를 믿지 않는가》.

8   최재훈, 〈집합행동의 개인화와 사회운동 레퍼토리의 변화〉, 《경제와사회》 113, 2017, 66~99쪽; Claus Offe, "New Social Movements: Challenging the Boundaries of Institutional Politics", *Social Research* 52(4), 1985, pp.817-900; Russell J. Dalton, *Citizen politics: public opinion and political parties in advanced industrial democracies*, CQ Press, 2014.

9   Claus Offe, "New Social Movements".

10   David. S. Meyer & Sidney G. Tarrow, "A Movement Society: Contentious Politics for the New Century", D. S. Meyer & S. Tarrow eds., *The Social Movement Society: Contentious Politics for the New Century*, Rowman and Littlefield, 1998, pp.1-28; 신진욱, 〈한국 저항문화의 전통과 변화: 3·1운동에서 촛불집회까지, 1919~2019〉, 김동춘 외, 《한국 민주주의 100년, 가치와 문화》, 한울아카데미, 2020, 250쪽.

11   Clay Shirky, "The Political Power of Social Media: Technology, the Public Spheres, and Political Change", *Foreign Affairs* 90(1), 2011.

12   서복경, 〈한국 정치 100년, 정당조직문화의 변화〉, 김동춘 외, 《한국 민주주의 100년, 가치와 문화》, 256~302쪽.

13   같은 책.

14   이상신, 〈정치의 사인화私人化와 대선 후보자의 인지적 평가: 박근혜, 안철수, 문재인의 스키마Schema 분석〉, 《한국정치학회보》 46(4), 2012, 149~170쪽.

15   정상호, 〈세대 정치: 4·19, 68, 그리고 386〉, 노혜경 외, 《유쾌한 정치 반란, 노사모》, 개마고원, 2002, 84~110쪽.

16   신원, 〈'정치 혐오'의 진흙탕에서 피운 '정치 사랑'의 연꽃〉, 노혜경 외, 《유쾌한 정치 반란, 노사모》, 6~44쪽.

17   노혜경, 〈노무현? 없어도 된다, 시스템의 정치!〉, 같은 책, 45~62쪽,

51~52쪽.

18 신원, 〈'정치 혐오'의 진흙탕에서 피운 '정치 사랑'의 연꽃〉, 같은 책, 19쪽.

19 노혜경, 〈노무현? 없어도 된다, 시스템의 정치!〉, 같은 책, 46쪽; 신원, 같은 책, 22~23쪽.

20 신원, 같은 책, 14쪽.

21 조석장, 〈한국에서 인터넷 정치참여와 민주주의: 참여민주주의와 대의민주주의에 미친 영향을 중심으로〉, 한양대학교 대학원 박사학위 논문, 2009.

22 천정환, 〈촛불항쟁 이후의 시민정치와 공론장의 변화: 문빠 대 한경오, 팬덤 정치와 반지성주의〉, 《역사비평》, 2017, 389쪽.

23 마크 더핏, 《팬덤 이해하기》, 김수정·곽현자·김수아·박지영 옮김, 한울아카데미, 2016, 24~25쪽.

24 김민하, 《저쪽이 싫어서 투표하는 민주주의: 반대를 앞세워 손익을 셈하는 한국 정치》, 이데아, 2022.

25 〈정치 기사 '오락화' 바람〉, 인터넷 한겨레, 2004. 5. 3.

26 신원, 〈'정치 혐오'의 진흙탕에서 피운 '정치 사랑'의 연꽃〉, 노혜경 외, 《유쾌한 정치 반란, 노사모》, 14~19쪽; 정상호, 〈세대정치: 4·19, 68, 그리고 386〉, 같은 책, 106쪽.

27 마크 더핏, 《팬덤 이해하기》.

28 김이승현·박정애, 〈빠순이, 오빠부대, 문화운동가?: 서태지 팬덤 이야기〉, 《여성과사회》 13, 한국여성연구소, 2001, 159쪽.

29 정병기, 〈포퓰리즘의 개념과 유형 및 역사적 변화: 고전 포퓰리즘에서 포스트포퓰리즘까지〉, 《한국정치학회보》 54(1), 2020, 91~110쪽.

30 정동준, 〈민주주의 위기의 원인과 대안에 대한 이론적 고찰: 국민투표, 사법 심사권, 그리고 정당 해산 제도를 중심으로〉, 《현대정치연구》 13(1), 2020, 79~115쪽; 정병기, 같은 책.

31 Paris Aslanidis, "Measuring Populist Discourse with Semantic TextAnalysis: an Application on Grassroots Populist Mobilization", *Quality & Quantity* 52, 2018; Noam Gidron & Bart Bonikowski, "Varieties of Populism: Literature Review and Research Agenda", Harvard University, *Weatherhead Center for International Affairs*, Working Paper Series No. 13-00004.B, 2014.

32 김윤철·장석준·진태원·장선화·손희정·정정훈·이승원·김건우, 〈포퓰리즘

시대의 민주주의: 정치의 실패인가, 전환인가?〉, 《시민과세계》, 2018, 201~237쪽.

33 야스차 뭉크, 《위험한 민주주의: 새로운 위기, 무엇이 민주주의를 파괴하는가》, 함규진 옮김, 미래엔, 2018, 126~129쪽.

34 Paris Aslanidis, "Measuring Populist Discourse with Semantic TextAnalysis", *Quality & Quantity* 52.

35 Noam Gidron & Bart Bonikowski, "Varieties of Populism", *Weatherhead Center for International Affairs*.

2장. 대통령을 만든 지지자들

1 이전의 높은 전국 투표율은 동원된 관권 선거의 영향을 무시할 수 없다. 따라서 1987년 이후의 전국 투표율 하락을 단순히 정치 불신만으로 해석하는 것은 무리가 있다. 하지만 그렇다고 해서 정치 불신 문제가 만연한 시대적 상황을 간과해서도 안 된다.

2 강준만, 〈문재인 신드롬의 정체: 매력을 넘어 비전으로〉, 《인물과사상》 162, 2011, 39~59쪽.

3 〈[19대 대통령 문재인] 운명처럼… 노무현의 동지, 노무현 계승자 되다〉, 《중앙일보》, 2017. 5. 10.

4 〈고 노무현 전 대통령 문재인 지지 동영상 있다?〉, 《한겨레》, 2012. 12. 7.

5 〈[이종탁이 만난 사람] 노무현 재단 상인이사 문재인 변호사〉, 《경향신문》, 2010. 5. 17.

6 문재인, 《문재인의 운명》, 가교출판, 2011, 466쪽.

7 같은 책.

8 〈한국 정치, 3류 수준… '박정희' 역대 대통령 중 호감도 및 업적 가장 뛰어난 대통령〉, 리얼미터, 2021. 11. 10.

9 〈법원, 국정원 '대선개입' 인정… 원세훈 징역 4년〉, 《한겨레》, 2017. 8. 30.

10 〈책상 두 개와 의자 하나, 그리고… 국정원 '하얀 방'의 실체〉, 《오마이뉴스》, 2021. 6. 4.

11 〈日 극우단체와 협력… 전직 요원에 국정원 활동비〉, 《뉴스데스크》, 2021. 10. 5.

12 〈제19대 대통령선거 사후 조사〉, 갤럽리포트, 2017. 5. 12.

13 〈제18대 대통령선거 사후 조사〉, 갤럽리포트, 2012. 12. 24.

3장. 절대 지지의 배후

1 야스차 뭉크, 《위험한 민주주의》, 110~124쪽.

2 백승욱, 《1991년 잊힌 퇴조의 출발점: 자유주의적 전환의 실패와 촛불의
오해》, 북콤마, 2022, 51~56쪽.

3 〈거대 양당의 정치개혁… '위성 정당'은 쏙 뺐다〉, 《한겨레》, 2021. 11. 11.

4 Shin Jin-Wook, "Individualisation of civil society in the context of the
information age: the case of South Korea", *International Social Science
Journal* 64, 2015, pp.249-261.

5 서복경, 〈한국 정치 100년, 정당조직문화의 변화〉, 김동춘 외, 《한국
민주주의 100년, 가치와 문화》.

6 최장집, 《민주화 이후의 민주주의》, 후마니타스, 2002; 서복경, 같은 책.

7 〈한국 정치, 3류 수준… '박정희' 역대 대통령 중 호감도 및 업적 가장 뛰어난
대통령〉, 리얼미터, 2021. 11. 10.

8 스티븐 레비츠키·대니얼 지블랫, 《어떻게 민주주의는 무너지는가: 우리가
놓치는 민주주의 위기 신호》, 박세연 옮김, 어크로스, 2018, 140쪽, 145쪽,
211쪽.

9 조희연, 《투 트랙 민주주의: 제도정치와 운동정치의 병행 접근》,
서강대학교출판부, 2016.

10 박영흠·이정훈, 〈한경오 담론의 구조와 새로운 시민 주체의 출현〉,
《커뮤니케이션이론》 15(2), 2019, 5~50쪽.

11 〈"20대는 인터넷, 70대는 TV 신뢰"… 한국언론진흥재단 조사 발표〉,
《뉴스저널리즘》, 2022. 12. 30.

12 〈한국 정치, 3류 수준… '박정희' 역대 대통령 중 호감도 및 업적 가장 뛰어난
대통령〉, 《리얼미터》, 2021. 11. 10.

13 〈미디어법 날치기 통과 후 종편 승인 과정 온갖 위법·편법 얼룩〉,
《경향신문》, 2013. 11. 17.; 민주언론시민연합, 〈미디어법 통과 10년,
개선되지 않은 종편의 그늘〉, 《미디어오늘》, 2020. 1. 25.

14 김민하, 《저쪽이 싫어서 투표하는 민주주의》, 211쪽.

15 스티븐 레비츠키·대니얼 지블랫, 《어떻게 민주주의는 무너지는가》,

162~163쪽.

16 〈헌재, '재판 개입' 임성근 탄핵심판 청구 각하…… 헌정 사상 첫 법관 탄핵 무산〉, 《경향신문》, 2021. 10. 28.

17 〈민주화 이후… 한국 민주주의는 퇴보했는가?〉, 《한겨레》, 2022. 3. 11.

18 김민하, 《저쪽이 싫어서 투표하는 민주주의》, 211쪽.

19 〈한국 정치, 3류 수준… '박정희' 역대 대통령 중 호감도 및 업적 가장 뛰어난 대통령〉, 리얼미터, 2021. 11. 10.

20 〈'文의 시간' 1826일… 헌정 사상 최고 지지율로 떠난다〉, 《시사저널》 2022. 5. 9.; 〈취임 앞둔 당선자-퇴임 앞둔 대통령 지지율 딱 붙었다… 왜?〉, 《한겨레》, 2022. 3. 28.

21 〈데일리 오피니언: 1987~2022년 역대 대통령선거 사전여론조사 추이〉, 한국갤럽, 2022. 3. 10.

4장. 지지의 계보와 구도

1 cafe.daum.net/moonjaein.

2 특정한 인물을 좋아하는 사람들을 팬으로 칭하는 사회 분위기에 따라, 유명 인사를 좋아하거나 지지하는 사람들이 모인 온라인 공간은 '팬카페'로 불렸고, 이는 현재까지도 이어지고 있다.

3 〈문재인 '친구들'이 가장 경계하는 인물은?〉, 《시사IN》, 2011. 9. 28.

4 cafe.daum.net/gentlemoon.

5 moonpoong.com.

6 cafe.daum.net/moonriver2013.

7 2011년 《문재인의 운명》이 출간됐을 무렵과 2012년 제18대 대선 전후로 젠틀재인이 문사모와 문풍지대에 연대를 제안한 것은 기록으로 남아 있다.

8 규○아○, 〈문재인 팬카페 통합 제안문〉, 젠틀재인(531번 글), 2015. 12. 1.

9 cafe.daum.net/moonfan.

10 cafe.daum.net/moonfan(2021년 12월 20일 검색).

11 필자의 석사학위 논문 〈'정치 팬덤' 현상과 네트워크 기반 시민정치참여〉에서도 밝혔듯, 네 개의 팬카페 입장 차이를 서술하나 이를 일종의 경향성으로 읽을 필요가 있다. 통합 팬카페로서 문팬이 생긴 이후로 문팬에 가입하지 않은 각 팬카페의 기존 회원이 있었기 때문이다. 이뿐

아니라, 각 팬카페의 주류 담론에 반대하는 소수의 회원도 있었을 수 있다.

12 〈문재인, 문팬 창립 총회서 '선플운동' 제안 왜?〉,《한겨레》, 2016. 9. 4.

13 〈문재인, 문자폭탄·18원 후원금에 "경쟁 흥미롭게 하는 양념"〉,《한겨레》, 2017. 4. 3.

14 규○아○, 〈젠틀재인 카페는 공식 카페가 아닙니다.〉, 젠틀재인(884번 글). 2017. 8. 6.

15 youtube.com/user/monriver365/video.

16 Jennifer Earl, "The Dynamics of Protest-related Diffusion on the Web", *Information, Communication & Society* 13(2), 2010, pp.209-225; Jennifer Earl & Katrina Kimport, "Movement Societies and Digital Protest: Fan Activism and Other Nonpolitical Protest Online", *Sociological Theory* 27(3), 2009, pp.220-243.

17 Weiyu Zhang, *The internet and new social formation in China: Fandom puiblics in the making*, Routledge, 2016(류하이룽 엮음,《아이돌이 된 국가》, 김태연·이현정·홍주연 옮김, 2022, 갈무리, 121쪽에서 재인용).

18 강인철, 〈한국 개신교와 보수적 시민운동: 개신교 우파의 극우·혐오 정치를 중심으로〉,《인문학연구》 33, 2020, 3~30쪽.

19 같은 글.

20 한지형, 〈온라인 액티비스트Online Activist에 대한 실증적 연구〉, 연세대학교 대학원 석사학위 논문, 2003, 5쪽.

21 마누엘 카스텔,《네트워크 사회: 비교문화 관점》, 박행웅 옮김, 한울아카데미, 2009; 마누엘 카스텔,《분노와 희망의 네트워크: 인터넷 시대의 사회운동》, 김양욱 옮김. 한울아카데미, 2015.

22 W. L. Bennett & A. Segerberg, "The Logic of Connective Action: Digital Media and The Personalizzation of Collective Action", *Information, Communication & Society* 14(6), 2012, pp.770-799; W. L. Bennett & A. Segerberg, "Digital Media and the Personalization of Collective Action: Social Technology and the Organization of Protest against the Global Economic Crisis", Ibid., pp.770-799.

23 W. L. Bennett & A. Segerberg, "The Logic of Connective Action", Ibid.; 강동현, 〈위계와 분화: SNS 사회운동의 두 가지 조직화 양식〉, 서울대학교 대학원 석사학위 논문, 2016; 최재훈, 〈집합행동의 개인화와 사회운동 레퍼토리의 변화〉,《경제와사회》 113, 2017, 66~99쪽.

24 W. L. Bennett & A. Segerberg, "The Logic of Connective Action", Ibid.; 최재훈, 〈집합행동의 개인화와 사회운동 레퍼토리의 변화〉, 《경제와사회》 113, 87쪽에서 재인용.

25 〈문재인 호위무사 '문빠'의 실체〉, 《중앙일보》, 2020. 4. 2.

26 온라인 네트워크 A, 〈강원도 산불피해 모금, 316,420,788원 전액 기부완료했습니다.〉, 온라인 네트워크 A(378710번 글), 2019. 4. 9.

27 규○아○, 〈젠틀재인 성금 모금 342,640,959원+5,460원 이체 내역입니다.〉, 젠틀재인(1068번 글), 2019. 4. 10.

28 규○아○, 〈성금 기부자명은 "문재인 대통령님을 지지하는 국민들"입니다.〉, 젠틀재인(1064번 글), 2019. 4. 9.

29 Verta Taylor, "Mobilizing for Change in a Social Movement Society", *Contemporary Sociology* 29(1), 2000, pp.219-230.

5장. 모래알의 이합집산

1 '대○리가 깨져도 문재인을 지지한다'의 줄임말로 2017년 제19대 대선 과정에서 문재인 대통령 후보를 지지하는 시민들이 지지하는 정도를 강하게 피력하며 사용한 용어이지만 외부에서 지지자들을 향해 맹목적인 문재인 지지자라는 비하 의미로도 쓰였다는 점에서 누가 쓰느냐에 따라 다르게 수용될 수 있는 용어이다.

2 〈송영길 "대깨문, 안일하게 생각하면 대통령 못 지켜"〉, 《한겨레》, 2021. 7. 5.

3 〈정세균 표만 무효 안 됐어도… 이낙연 지지층 "결선 도둑맞았다"〉, 《중앙일보》, 2021. 10. 10.

4 〈비호감 대선… 안철수만 호감 〉 비호감〉, 《한겨레》, 2022. 2. 7.

5 〈윤석열-이재명 24만 표 차이인데… 30만표나 쏟아진 '무효표'〉, 《한겨레》, 2022. 3. 10.

6 〈이낙연 표 14%만 "이재명 지지" 나머진 야당 주자에게로?〉, 《중앙일보》, 2021. 10. 15.

7 규○아○, 〈[젠재 자체 사전 설문 1] 차기 대선 투표 관련 - 꼭 응답 부탁드릴게요.〉, 젠틀재인(1244번 글), 2021. 10. 11.

8 〈'위선적 기득권' 탈피 한목소리… "소신과 통해 민주당 쇄신을"〉, 《한겨레》, 2022. 6. 9.

9   당시 유죄 판결을 받은 다수의 행위자가 제20대 윤석열 정부에서 사면되며
     논란은 재점화됐다.

10   〈세계 81개국서 '여론 조작' 사이버 부대 활동… 한국도 포함〉,《연합뉴스》,
     2021. 1. 14.

11   김정호, 〈팬덤 공중의 성격에 대한 시론: 검찰개혁 촛불시위에 나타난
     문재인 팬덤을 중심으로〉,《시민과세계》36, 2020, 64~71쪽.

12   〈[조기 완판] "문재인 대통령 취임 2주년 기념 스노우볼이 모두
     판매되었습니다."〉, 더불어민주당 홈페이지 공지사항 게시판(theminjoo.kr
     /board/lists/cnotice), 2019. 5. 13.; 〈문재인 대통령 미니어처 넣은
     스노우볼, '이니 굿즈' 29분 만에 '완판'〉,《한국경제TV》, 2019. 5. 13.

13   〈[런치리포트] '굿즈GOODS'의 정치학〉,《머니투데이》, 2017. 3. 29.

14   박영흠·이정훈, 〈한경오 담론의 구조와 새로운 시민 주체의 출현〉,
     《커뮤니케이션이론》15(2), 2019, 5~50쪽; 김민하,《저쪽이 싫어서
     투표하는 민주주의》, 96~97쪽.

15   류하이룽 엮음,《아이돌이 된 국가》, 286쪽.

16   윤성이·장우영, 〈청소년 정치참여 연구: 2008년 촛불집회를 중심으로〉,
     《전남대학교 세계한상문화연구단 국내 학술회의》, 2008, 2377~2393쪽;
     김예란, 〈감성공론장: 여성 커뮤니티, 느끼고 말하고 행하다〉,
     《언론과사회》18(3), 2010, 146~191쪽.

17   류하이룽 엮음,《아이돌이 된 국가》, 115쪽.

18   같은 책, 114쪽.

19   Jennifer Earl & Katrina Kimport, "Movement Societies and Digital
     Protest: Fan Activism and Other Nonpolitical Protest Online",
     Sociological Theory 27(3), 2009, pp.220-243.

6장. 정치 불신 시대의 인물 지지 정치

1   포퓰리스트나 극단주의자의 고립과 무력화를 위해서는 정당이
     그들을 걸러내는 민주주의 문지기 역할을 할 수 있어야 한다. 스티븐
     레비츠키·대니얼 지블랫,《어떻게 민주주의는 무너지는가》, 29쪽, 50쪽.

2   같은 책.

3   〈[지방선거 사후 조사] 민주당 대선·지선 패배 책임 "이재명(35.6%) 1순위",

이재명 당 대표 출마 "찬성(37.1%) vs 반대(56.0%)"), 리서치뷰, 2022. 6. 14, blog.naver.com/99061/222771758282.

4 〈尹 대통령·이재명 '비호감' 62.6%… 소수점까지 똑같네〉,《국민일보》, 2023. 1. 3.

5 〈민주당, 尹 대통령 검찰 고발… 이재명과 같은 '허위사실 공표' 혐의〉, 《프레시안》, 2022. 9. 5.

6 〈"윤석열 퇴진" vs "이재명 구속"… 주말 도심 대규모 맞불 집회〉,《한겨레》, 2022. 10. 22.

7 스티븐 레비츠키·대니얼 지블랫,《어떻게 민주주의는 무너지는가》.

도표 및 그림 출처

도표

〈표 1〉 중앙선거관리위원회 자료를 표로 재구성.
〈표 2〉 조은혜, 〈'정치 팬덤' 현상과 네트워크 기반 시민정치참여〉, 중앙대학교 대학원 석사학위논문, 2022, 25쪽.
〈표 3〉 조은혜, 〈'정치 팬덤' 현상과 네트워크 기반 시민정치참여〉, 30쪽.
〈표 4〉 한국갤럽 갤럽리포트(2017. 5. 12. & 2012. 12. 24.) 자료를 표로 재구성.
〈표 5〉 조은혜, 〈'정치 팬덤' 현상과 네트워크 기반 시민정치참여〉, 51쪽.
〈표 6〉 한국갤럽 데일리 오피니언(제501호, 제508호) 자료를 표로 재구성.
〈표 7〉 조은혜, 〈'정치 팬덤' 현상과 네트워크 기반 시민정치참여〉, 98쪽.
〈표 8〉 조은혜, 〈'정치 팬덤' 현상과 네트워크 기반 시민정치참여〉, 100쪽.

그림

〈그림 1〉 조은혜, 〈'정치 팬덤' 현상과 네트워크 기반 시민정치참여〉, 52쪽.
〈그림 2〉 조은혜, 〈'정치 팬덤' 현상과 네트워크 기반 시민정치참여〉, 69쪽.

지지자들의 말*

문재인 대통령을 지지하는 이유

차: "제가 고등학교 때까지 못 배웠던 현대사를 보니까 거기에 계속 내내 낄 수 있는 사람이더라고요. 그래서 조금 더 좋은 사회로 가려는 시도의 흐름에 있는 사람."

나: "이제까지 걸어오셨던 행보를 봤을 때 틀린 게 없다고 보거든요. 제 기준에서는. 사회에 대해서 바르게 사회가 돌아가게끔, 목소리를 충분히 내오셨던 분이고, 그것을 바로잡기 위해서 몸소 실천을 하셨던 분이고."

마: "대단한 사람이라고 생각해요. 왜냐하면 굵직굵직한 현대사에 자꾸 등장해요! 그리고 이 사람이 엄청 공격을 받았잖아요. …… 다 포기할 수 있던 상황에서 자기 신념을 올곧게 지켜왔던. 이게 너무 멋있더라고요. …… 신념을 올바르게 가진 사람. …… 이런 사람이 지도자가 되어야 하지 않을까요?"

---

* [ ] 괄호는 필자가 보충 설명한 부분이다.

사: "그 사람이 살아온 생애를 봤을 때 일관적이라는 생각이 들었기 때문에 지지하게 되었죠. 학생 때부터 일관적으로 민주화운동을 했다는 거. 그리고 변호사라는 굉장히 좋은 직업 타이틀을 가졌음에도 불구하고 본인 신념을 따라서 인권변호사로 활동했다는 거. 그런 점들이 마음에 들었어요."

가: "정치를 맡길 수 있는 정치인의 기준이 대체 뭔가. …… 여러 기준이 있겠죠. 그런데 제가 바라보는 게 원칙이라고 생각해요. …… 문재인 대통령님을 지지하는 이유가 뭐냐고 단도직입적으로 물어보신다면 저는 그 원칙을 지킬 수 있는 가장 이상적인 분이 아닌가."

카: "원칙주의자예요. 꼼수를 부리지 않아요. 약자를 배려할 줄 알죠. 생명을 귀하게 여길 줄 알고, 공정에 대한 가치가 있고."

바: "저는 그렇다고 딱히 문재인 대통령을 엄청 진보적인 사람이라고 생각하진 않아요. 정치 성향이나 이런 것이 되게 극단적으로 엄청 진보적이라고 보진 않는데. 그렇지만 민주주의적이라고 보거든요. …… 제가 존경하는 분이라고 처음 말씀드린 이유가 새로운 것을 받아들이는 게 되게 그 나이대에 비해서 벽을 치지 않으시거든요."

자: "저는 노무현 대통령보다 문재인 대통령이 훨씬 더 보수에 가깝다고 보는 쪽이거든요. …… 좌파 시민단체 이런 사람들은 너무 가시적인 사이다만을 원해요. 막 큰 소리를 지르고. 그러고 나서는 '우리가 잘했지' 하고선 뒤에 모여서 막걸리나 마시고 왁자지껄하게 하고 해산해버리는 그런 걸 바라는 것 같아요. 그런데 우리는 전혀 그런 걸 바라지 않거든요. 우리는 실질적으로 가져오는 게 좋아요."

문재인 대통령의 의미

마: "저는 성격상 검증이 필요하거든요. 지지할 수 있는지, 지지해도

되는지. …… [제18대 대선에서] 지고, 당 대표로 갔잖아요. 이때
신뢰할 만한 능력을 봤어요. …… 일단 당원 참여율을 굉장히 높여서.
전에는 [국회의원] 개인 번호를 알아서 문자 보내고 이런 것들을
했잖아요. …… 그런데 그걸 바꾼 거죠. 당원들이 좀 더 당의 결정에
참여할 수 있게 …… 그리고 새로운 사람들을 많이 데리고 가서 쇄신을
했죠. [정당] 이미지가 그때 되게 안 좋았잖아요."

🈺 "기존 정치인에 대한 환멸. 그리고 그게 결국은 문재인 대통령이
열어놓은 '당원이 되어주십시오' 하는 운동 있잖아요. 거기에 참여해서
투표를 하고 목소리를 내고 정치인들에게 의사를 전달하고, 이런
게 굉장히 획기적인 방법이라고 생각해요. 그전에는 아무도 이러지
않았어요. 당원이 되어서 투표를 하고, 국회의원들에게 결국은 그것도
안 해서 짬짜미로 자기들 의견을 교환하고 자기들의 의견을 교환하고
밑의 조직을 돌려서 이런 식으로 하는 거였는데, 문재인 대통령이 당
대표일 때 만들어놓은 게 국민의 목소리를 제대로 들어라! 다이렉트로
들어라! 이렇게 된 거잖아요."

🈏 "저는 대한민국 정치인이 문재인 대통령님의 10분의 1, 반까지는
힘들고 10분의 1만 원칙을 고수하는 정치인들만 살아남는다면 앞으로
대한민국은 지금까지와 전혀 다르게 정치적으로 굉장히 발전할 거라고
얘기해요."

🈀 "내가 이 사회가 바뀌길 바라고 올바른 정치인이 그래도 지금 나와
있는 정치인 중에는 문재인이라는 사람이 있기 때문에 우리가 조금 더
믿을 수 있지 않을까."

🈴 "박근혜가 대통령이 되니까 너무 암울한 거죠, 저는. 내가 배운
거랑 다른 상황이 됐다. 항상 정의가 이기진 않는다는 상황이 됐고,
그러면서 이제 시간이 생겼잖아요. 다음 대선까지. 그러니까 더
문재인이란 사람을 더 알아갈 시간이 많아진 거예요. …… 그런 게 쌓인
것 같아요. 점점. 제 안에서도 신뢰가 쌓이고. 또 제가 노무현 대통령이
어떻게 잘못되셨는지 많이 알게 되고. 그러다 보니까 정말 무조건

지켜야겠다. 다시는 그런 일이 생기면 안 되겠다. 그렇게 생각하게 된 것 같아요."

아: "해가 뜨기 전에 가장 어렵다고 하잖아요. …… 제가 느끼는 세상이 가장 어둡다고 생각할 때 나타난 분. 그리고 노무현 대통령의 선물. 그리고 문재인 대통령의 결심도 있었지만 지지자들에게 간절한 바람에 의해서 함께 만들어진 대통령."

타: "저의 우상이죠. 배울 거 많은 어른이고, 인생 자체에서도 정말로 닮고 싶은 어른. 온화한 인격이라든지 명석한 두뇌라든지. 합리적인 생각, 이런 것들을 닮고 배우고 싶어요."

가: "저한테 정말 각인된 애칭은 '문변'이에요. …… 마음속에 영원한 문변, 영원한 인권변호사. 약자를 언제나 도와주시는 정말 우리의 든든한 인권변호사, 문변이라는 게 저는 각인이 되어 있죠. 그런데 지금은 밖으로는 당연히 문변이라고 안 하죠."

차: "제 내면적으로는 제가 원칙주의자가 되어가는 것 같거든요. 본받고 싶어지는 것? 왜냐하면 원칙주의가 결국은 옳다는 생각이 들고 있어요, 저는. 그래서 예전에는 저도 편법 그 정도는 뭐, 그렇게 생각하던 사람인데요. 결국에는 …… 가장 좋은 세상이 되는 건 원칙주의구나라는 생각이 지금 들어요. 그래서 그것에 있어서도 저 스스로가 바뀌어가는 게 있어서요."

문재인 대통령에 대한 신뢰

가: "원칙을 고수하셨던 데에 대한 믿음을 깨트리는 일이 생긴다면 아마 문재인 대통령님을 지지하는 분들이 철회하는, 오히려 파장은 훨씬 더 클 거라고 봐요. …… 워낙에 원칙주의자, 이상주의자, 절대 불변이라는 어떤 믿음을 기반으로 지지를 하시는 분들이 굉장히 많기

때문에 그분이 비상식적인 행동을 하신다고 하면 남들이 백번 천번 하는 것보다 더 큰 실망을 할 것 같아요. [절대적으로 지지한다는 건] 그만큼 믿는다는 거죠. …… 그분이 변화할 거라고는 아직은 생각을 안 한단 말이에요. 그러면 그분을 비판적 지지할 일은 지금은 없어요."

가: "원칙과 믿음이라는 게 우리를 잘살게 해줄 것이다, 또는 갑자기 정말 뛰어난 지도력을, 영도력을 발휘해서 우리를 정말 잘살게 해줄 것이다, 이런 게 아니라. 한 나라 대통령이라면 당연히 해야 할 부분을 너무나 당연하게 하시는, 그 이전 정권 대통령들은 당리당략에 의해서 또는 오래된 지역감정 문제에 엮여 있다던가 …… 이분은 자기의 입신양명을 위해서 자기를 위해서 청와대를 위해서 뭘 하시는 게 아니라 그냥 당연히 해야 할 것을 원칙대로 꾸준히 하시는 분이구나, 거기에 대한 믿음이죠."

가: "속칭 그런 거 있잖아요. '그 정도 흠결이야, 있을 수 있어.' 그런데 그런 것조차도 없는 분. 그건 사실 이명박, 박근혜 정권 거치면서도 언론에 다 드러났고, 국정원실에서 탈탈 털었는데 시골집 처마 5센치 튀어나온 게 유일한. 그것 이외에는 안경값이 남들보다 비싼 거 아니냐. 그런 것밖에는 공식 비공식적으로 책잡을 게 없는 사람이라는 게 이미 다 드러났잖아요. 그런 분이 정치를 하시면 믿을 수 있죠. 그러니까 '사람이니까 저 정도 흠결은, 실수는'조차도 용납을 안 하시는 분이기 때문에. 그런 분들이 내 스승이고 내 회사의 대장이고 우리나라의 대통령이다 그러면 믿을 수 있잖아요."

아: "제가 뉴스 기사로 몇 개 찾아보고 느끼는 것보다, 훨씬 많은 다각적인 조사를 했을 거고. 그 안의 참모진들이 다 봤을 거고. …… 그게 본인의 이익보다 전문성이랑 객관성을 우선해서 판단했을 거라는 믿음이 있어요. 만약에 다른 사람이었다면 거기에 부자들의 생각 한 스푼, 그들과의 사회적 관계 한 스푼, 대기업과의 유착들 한 스푼, 그런 게 들어있지 않았을까. 그러진 않았을 거다, 대통령이 그렇게 하진 않았을 거다, 라는 믿음이 있어요."

다: "지지자들 사이에 줄임말이 많은데. 그중에 파파미가 있어요. 파도 파도 미담밖에 안 나온다고. 알면 알수록 존경스럽고, 알고 싶은 게 많은 분인데. 과연 이분만큼 이 정도의 인품을 갖고, 이런 행보를 가졌던 사람이 있을까? ······ 아직 못 찾은 것 같아요."

아: "왜냐하면 그게 맞을 거라는 믿음이 있어요. ······ 지지자들이 '나라에서 팔아먹어도 문재인이다!'라는 얘기를 했어요. 나라를 문재인이 판다면 나라를 팔 만한 이유가 있을걸? 우스갯소리로. 그런 일이 없을 거라는 믿음의 방증이기도 하겠죠."

문재인을 거쳐 복기하는 노무현의 의미

마: "이때[문재인 새정치민주연합 당 대표 시절] 얼마나 힘드셨어요. 언론에서도 당에서도 난리 부르스도 아니었어요. ······ 다 너무 공격을 하는 거예요, 너무 ······ 한편으로 무슨 생각을 하게 됐냐면 이 사람[노무현 대통령]이 정말 외로웠겠다. 여기는 더 심했는데. 그래서 공부를 하기 시작했어요. 이 사람이 왜 그렇게밖에 갈 수 없었나. 지지자들이 공부했어요. ······ 이 사람[문재인 대통령]을 알려면 노무현으로 들어갈 수밖에 없었고."

아: "지금도 생각하면 눈물이 나요. ······ 개인적인 그분[노무현 대통령]에 대한 죄송함? 그때는 제가 결혼과 출산을 하면서 너무 정신이 없이 힘들었죠. ······ 신경을 쓰고 그럴 여유도 없었고. 그리고 그때는요 몰랐어요. 대통령이 되면 되는 줄 알았어요. ······ 아무리 주변에서 언론이며 뭐며 도와주지 않아도 그래도 대통령이니까. 그렇게 걱정을 안 했죠. 최고의 권력자니까. ······ 설마설마했는데 뽑히면서 그때부터 시작된 거죠. ······ 저 정도로 치밀하고 무서웠구나. 저 사람들은 자기들의 정권을 위해서 저렇게 또 힘을 모으는구나. ······ 그걸 그때 느꼈죠. 그때도 물론 억울한 일이 많았죠. 조선일보에서 그냥 순간 포착으로 노무현 대통령이 시정잡배처럼 보이게 사진을 찍는다던가.

너무 속이 보이는 사진을 찍고 하니까 …… "

차: "저는 진짜로 본격적으로 정치적으로 각성했다고 느꼈을 때가
노무현 대통령 서거하셨을 때거든요. …… 저는 사실 강남 출신이기도
하거든요. 제가 이쪽을 지지하면 전부 빨갱이 얘기를 들어요. ……
서거가 사실, 편하게 가신 게 아니잖아요. 어떤 악의가 분명한, 커다란
악의 덕분에 그렇게 되신 건데. 제가 부채 의식이 되게 커요. 그리고
'이런 목숨이 갔어야 하나' 이 사회를 위해서 이렇게 간 건데, 내가
가만히, 이렇게."

카: "이건 제 얘기만은 아니에요. …… 노무현 대통령은 사람들의
가슴에 남았다고 하더라고요. …… 노무현 대통령 때만 해도 사람들이
당해보지 않았으니까, 이런 지지 기반 층이 없으니까 속수무책으로
당했다고 보거든요. 지금 같은 경우는 막 언론이 막 써재끼면 서로
댓글로 욕을 해주잖아요. 그런데 그 당시만 해도 사람들이 잘 모르니까
그냥 그런가보다, 라고 했던 거죠. 그때 노무현 대통령의 모습이
가슴속에 남고 난 뒤에 그 뒤를 이어가는 문재인 대통령에게도 힘이
되었고……"

문재인 대통령을 지켜야 한다는 의미

다: "당시에 벌꿀오소리에 대한 글이 있었어요. 다큐 글이거든요.
…… 오소리가 아무것도 신경 안 쓴다! 뱀을 물어서 독에 중독돼도 자고
일어나서 하고 싶은 걸 한다. 이런 걸 보고 …… 문파 지지자들 모습이랑
비슷하다고 느껴서 불렀던 게 그대로 단어로 정의된 것 같아요."

카: "불의한 어떤 압력을 행사하고자 하는 세력들에 대해서는 반대
목소리를 내줘야 되는 거고. 그런 것들이 대통령을 지키는 거라고 하는
거죠. 잘못된 것들을 알리는 것이 대통령을 지키는 거라고 생각을
하죠."

마: "다른 사람들은 다 비판할 거고, 그렇다면 이 사람은 자기가 원하는 정책을 못 끌어갈 테고. 그러면 우리가 처음에 이 사람이 어떤 정책을 하겠다고 포부를 밝혔던 게 마음에 들어서 뽑은 건데, 그 정책에 갈 수 없는 거잖아요! 거기에 대한 책임을 져주고 이 사람이 정책을 다 할 때까지는 지지를 보내야 한다는 뜻을! 우리는 일일이 얘기할 수 없잖아요."

아: "제가 기억하기로는 두 번째 대선 때 곧 죽어도 뽑아야 하니까. …… 누가 뭐라 하든. 그러니까 가장 강한 표현이죠. 절대적인 표현. 머리가 깨져도 지지하겠다. 그게 가장 원색적이고 강한 표현. …… 맞아도 우리가 맞겠다. 욕을 하든지 말든지. 대통령만 지키면 된다. …… 지지자는 수치로 나타나서 그들에게 위협이 되잖아요. …… 욕을 해도 상관없다."

바: "제가 문재인 대통령 지지자들은 무조건 노무현 대통령처럼 되지 않게 지켜야 한다고 했었잖아요. 아마 그런 영향을 준 것 같아요. 무조건 지켜야 한다. 왜냐하면 노사모들이 후회하는 게 노무현 대통령이 있을 때 못했다. 이런 게 있거든요. …… 두 번째는 아까도 제가 말씀드렸지만 사후에도 그분들이 그렇게 후회하는 것처럼 잘 지켰을까? 저는 잘 모르겠거든요. 일베가 날뛰고 그럴 때 과연 잘 지킨 걸까 싶거든요. 그러니까 반면교사가 있죠."

파: "노사모를 나쁘게 본 게 아니라, 노사모도 우리 사회에 거쳐야 했던 단계라고 생각해요. 노사모 때는 노무현이라는 사람을 대통령으로 만들면 세상이 바뀔 줄 알았어요. 그게 시민의 의무라고 생각했고. 그리고 대통령이 되고 나면 당연히 자기 사람들로 채우면서 이런저런 자리도 나오겠지 생각한 사람도 있었을 거예요. 그런데 그 이후 시대에 비극을 보면서 느낀 게, 아, 우리는 뽑아주기만 했지, 지키지는 못했구나. 우리가 획득한 권리를 지키진 못했구나. 보호하지도 못하고 잃어버렸구나……"

아: "스스로 깨달은 거죠. …… 하나라도 지지를 해주지 못했을 때 ……

진짜 개떼처럼 달려들어서 물잖아요. 그런데 그게 굉장히 데미지가 큰 거예요. 단지 정책에 대한 지지를 못 받았다? 실패했다? 그게 아니라, 대통령이라는 권력 그 자체에 손상 입히는 거죠. 그리고 그걸로 빌미 삼아 나중에 퇴임했을 때 어떻게 할지 모르고."

아: "절대적이요. 지켜드리는 거죠. …… 언론도 편이 아니고. 심지어는 민주당까지 너무 힘든 상황이잖아요. 물론 지지자들이 그 과정을 겪었기 때문에 지금 콘크리트 지지자가 된 거잖아요. 비판적 지지, 그건 개나 주자! 이렇게 된 거죠."

다: "예전부터 문재인 대통령님 성이 '문'이니까 달님이라고는 많이 불리셨나봐요. 그러다가 대선 때 '이니'라고 캠프에서 발표했는데, 처음에는 '연세도 있으신 분인데 이렇게 부르면 어떻게 하냐' 이런 반응도 있고 '재미있다'는 반응도 있었어요. 그다음에는 대통령님 트위터 공식으로 이 말을 좋아한다고 말씀하셔서 이걸 사용하게 됐고요. …… 박근혜 대통령을 '박통'이라고 하진 않거든요. 그런데 이상하게 노무현 대통령이나 문재인 대통령만 '노통', '문통'이라고 부르니까, 이런 말을 쓰지 말자고 많이 의견이 나와서 …… 대신 프레지던트 따와서 '문프'라고 부르고 있습니다."

사: "대부분이 다 그렇게 생각을 하고 있을 거예요. 첫 번째는 노무현 전 대통령 전례가 있었고. 두 번째로는 그 조국 장관의 일관 사건도 있었고. 세 번째는 언론들이 굉장히 긍정적으로 보도하지 않는다는 것."

사: "저는 그분이 대통령 퇴임하셔도 평화롭게 살았으면 좋겠고. 그냥 일괄적으로 지지하는 거라고 보시면 돼요. …… 좀 노년을 평화롭게 사셨으면 하는 생각이 드는 거죠."

카: "제일 걱정되는 건 …… 제2의 노무현 대통령처럼 그렇게 안 됐으면 좋겠다. …… 조국 전 장관 기소를 보고 그럴 수 있다는 생각이 들어요."

한국 민주주의 및 정당정치 평가

마: "2012년 때 문재인을 지지했지만 투표함을 지켜야 한다든가 이런 것까지는 '그렇게까지 해야겠어?' 그런 생각들을 많이 했으니까, 어떻게 보면 안일했죠. 내가 원하는 대로 참여를 하고 내 목소리를 크게 냈어야 했는데. …… 초등학교 때부터 고등학교 때까지 우리가 배운 정치는 삼권분립, 아름답고 교과서적인 정치를 배웠잖아요. 배운 대로 당연히 되고 있는 줄 알았죠."

마: "문재인 대통령 지지자들은 공통적으로 생각하는 건데요. …… 국회의 동의가 없으면 우리가 이 사람을 여기다 앉혀놓고 할 수 있는 게 아무것도 없더라. 이걸 되게 크게 학습한 거죠. 그리고 공유한 거죠. 그러면서 생각이 바뀐 거예요."

카: "가장 큰 문제가 양당 구조거든요. 저도 더불어민주당을 지지할 수밖에 없는 입장이 돼버린 상황이기도 해요. …… 거의 지금은 반반으로 나뉘어서 거대 여당이 만들어질 수밖에 없는 상황이 되어버린 거 같아요. 당이 많이 갈려서 다양한 당이 나와야지 다양한 목소리가 나오고 …… 그렇게 여러 당이 독립할 수 있는 분위기가 우리나라가 안 되고 있는 거죠."

자: "우리나라가 직접 민주주의로 국회의원을 선출하잖아요. 나 대신 민의를 전달해서 일을 해달라, 그 사람들이 그렇게 일을 하지 않으니까 항상 답답한 면이 있죠. 표를 달라고 할 때는 자기는 이것도 하고 저것도 하고 꼭 하겠다고 얘기하지만 일단 당선이 되면 하질 않는 거죠."

파: "의원들이 기본적으로 국회의원 존재 의의를 전혀 설명하지 못하고 있고. 대의를 한다는 것들을 전혀 역할을 못하고 있고, 우리나라 대의민주주의잖아요. 대의라는 건 시민의 뜻을 듣겠다는 건데, 그게 아니라 …… 일부 목소리 큰, 작업을 치는 일정한 세력들의 프로파간다만을 맹꽁이처럼 부르짖고 있고. 전혀 지금 대의를 하지 못하고 있기 때문에, 심지어 민주주의를 부정하는 발언들도 계속 나오고

있잖아요."

자: "국회의원 중에서도 돈이 많은 사람들도 있잖아요. 그런데 그 사람들은 자기 재산에 손해가 가는 짓을 하고 싶어 하진 않는다는 거예요. 그게 참, 국민을 위해서 봉사해야 하는 사람임에도 불구하고. …… 대통령보다 당이 더 좋은 정책을 내서 당을 더 지지하게 된다는 건 없을 것 같아요. …… 국회의원들은 기득권이고 사회가 변하는 것을 바라지 않는다고 느껴요. …… 국민을 위한 정치를 하는 쪽이 대통령이기 때문인 것 같아요. …… 우리 대통령은 이익보다는 국민의 더 나은 삶에 대해서 고민하는 사람이다 보니까 국회의원들이 따르기 힘든 점이 있어요."

파: "일단은 필요한 건 국민소환제가 필요할 것 같고요. 그다음 사법부 직선제. …… 지금까지 인류 역사상 나왔던 주의 중에서 민주주의만큼 단점이 있어도 아직까지는 쓸 만한 제도가 없다고 보기 때문에 그 방향이 오히려 특화되는 방향으로 가는 쪽이라고 할까? 민주주의의 강화!"

카: "우리나라는 정책이 완벽하냐가 아니고 정책을 어떻게 실행하느냐 문제가 더 큰 거 같아요. …… 지도자에게는 성품이랑 가치관이 중요하다고 했잖아요. …… 지금은 [경제] 욕구 실현에 대한 가치를 논하기보다는 공존에 대한 가치를 논해야 할 때다. …… 문재인 대통령 인성이 좋다고 제가 본 부분은 원칙주의자죠. 어떤 문제가 생기면 원칙적으로 해결하려고 하고. 꼼수를 부리려고 하는 게 아니고. …… 저는 정책 때문에 지도자를 지지하지는 않아요. 지도자는 아까 얘기했듯이 두 가지 덕목만 제대로 갖추고 있는 게 중요하다. (두 가지가 성품과 가치관 맞나요?) 그렇죠."

더불어민주당 평가

마: " …… 국민의힘이 야당이잖아요. …… 국회에 입법하기가 굉장히

힘들겠죠? 그러니까 어떻게든 기반 세력은 민주당으로 만들어야 할 것 같아요. …… 어쨌든 본인이 원하는 정책을 밀고 나가려면 국회를 무시할 수 없고, 그런 현실들이 있잖아요. …… 기반 세력이 분명 필요하다고 생각하는데. …… 내가 이 사람을 뽑은 이유는 이 사람이 가고자 하는 정치적 방향 자체도 좋다고 생각하기 때문에 지지하는 거잖아요."

카: "선택의 여지가 없다. …… 그쪽[더불어민주당] 말고는 지지할 곳이 없다는 거죠. …… 전체적으로 보기는 어렵죠. 완벽한 데가 어디 있겠어요. 하지만 그래도 그쪽에서 제대로 사고 박히고 제대로 활동하려고 하는 멤버들이 있다."

타: "민주당은 자기네들의 색깔, 자기네들의 이익을 대변하는 것들이 많아요. 거의 대통령하고 항상 부닥치는 부분이 그 부분이에요. …… 국민들에게 환영받지 못할 얘기를 하면서 대통령을 들이박잖아요. …… 거꾸로여야 되는 거 아닌가요? 정당에서 국민의 대표인 국회가 대통령하고 행정부하고 싸워야 하는 거 아닌가요? 반대라고 보는 거죠. 그래서 대통령을 지지하는 거죠."

마: "문재인 대통령이 당 대표 시절 당을 혁신적으로 개혁하였고, 이것이 민주당의 지금 지지율을 가능하게 했다고 생각합니다. 요즘 민주당의 행태를 보면 다시 예전으로 돌아가려는 것 같아서 …… 굉장히 불편한 마음으로 지켜보고 있습니다."

바: "저는 늘 그런 생각을 해요. …… 아직도 야당 시절 버릇을 못 버렸다. …… 자기가 조금 더 위로 갈 수 있는, 자기가 조금 더 권력을 잡을 수 있는, 내가 조금 더 잘 나갈 수 있는. …… 정치하는 사람들은 다 줄 잘 잡아서 잘 되고 싶어 하니까."

사: "본인들한테 이득이 안되는 건 안 하는 거 같고. 그리고 민주당은 사실 대통령이 중요한 게 아니고 본인들이 집권 여당 자리를 이어가는 게 중요한 사람들인 것 같아서. 뭔가 차기 대통령 후보를 염두에 두고

그렇게 행동하지 않나라는 생각도 가끔 들거든요. 요즘은 그게 좀 더, 대놓고 드러내고 있는 사람들이 더 많아졌다고 느껴지긴 해요."

차: "저는 권리당원이긴 한데요, 좋아서 하는 게 아니라 그냥 정말 그지 같은 짓을 할 때 목소리라도 전달하려고 조금이라도 그러고 있는데, 민주당은 그걸 또 착각하고 있으니까요. 민주당 지지는 대통령을 보고 나온 지지인데 그게 자신들이 잘해서 나오는 지지라고 착각을 하고 있더라고요. 친문, 반문, 맨날 자기 갈랐다 붙였다 이러고 있으니까."

마: "극우니 뭐니 그렇게 나눠진 게 옛날에는 가능했어요. 명확했거든요. …… 지금 이 사회는 그렇게 분리되지 않는 사회인 거예요. 국민들도 마찬가지고, 정당도 마찬가지고.…… 누가 봐도 이익집단이에요. 정당으로서의 이념이나 전략도 없어요. 이게 정말 일반적 국민의 정서하고 동떨어져 있다니까요!"

타: "제가 느낀 정치인들은 민주당이나 국민의힘이나 크게 차이 나지 않는다고 봐요. …… 제가 얘기하는 건 국회에 있는 사람들인 건데. 국민의 대표인데 그들만의 리그에 갇혀 사는 사람들이 실제로 많더라고요. 그런데 이게 민주당이 악랄하고 못됐다? 국민의힘이 악랄하고 못됐다? 이건 아닌 것 같아요. …… 의원 생활 오래한 사람들은 죄다 내각제 하고 싶어 하죠. 죄다 내각제 하고 싶어 해요."

자: "더불어민주당 …… 애증의 당이고, 국민의힘보다는 나은, 그러나 일부 민주당 의원들은 국민의힘보다 더 악랄한, 국민의힘과 더불어민주당 거의 다 정치 놀음만 하고 싶은 기득권들이라는 생각이 들고요."

파: "민주주의 원칙은 각 개개인, 사람 하나하나, 자연인들의 의지가 하늘에서 받은 권리이고. 천부권이고. 정당은 그런 정당을 앞에 두고 민주주의 원칙에 따라서 민주주의 맞는 인물을 민주주의 절차에 따라서 처리해야 하는 곳이에요. 그런데 지금 현재 민주당에는 민주적인 인물을 고르지도 않았고, 민주주의적인 절차도 거치지 않고, 당원들에

대해서는 개개인 의사를 존중한 게 전혀 없으며, 자신들의 권력만을
위해서 투쟁하고 있다고 평가가 됩니다."

차: "쇄신되는 것 같았던 당이 당게[당 게시판]를 닫아버렸으니까.
…… 코로나로 시위도 못하고 당게도 없어져 있고. 그러면 투표인데.
투표는 중간 과정이 아니라 결과를 내는 행위라서 사실 한 방에 모든
것이 끝나는 거니까. 조금 두렵기도 하죠. …… 자신들의 지지 원천이
뭔지를 이해를 못하고. 그러면 자리를 잃어야죠 뭐."

파: "당이 사실상 스스로 사망 선고를 내렸다고밖에 생각할 수 없죠. 더
이상 당원들의 이야기를 듣길 거부했기 때문에요."

가: "문재인 대통령님을 지지하고 존경하는 저희들이 봤을 때는 절차가
정당하고 입장이 뚜렷하고 자신의 어떤 스탠스가 확고하다면 절대로
하지 않을 행동들이에요. 단기간에 할 수 있는 모든 조치 중 하나가
입막음일 수밖에 없는. 그러니까 내부에서 목소리를 내고 문제 제기하는
사람들을 우선 다스리고 설득하기보다 눌러버리는 …… 후보 하나만을
위한 사당화로 바꾸는 과정을 앞에서 지켜보고 있는데 …… 이번 기회에
싹 망하고 새로운 당의 개편이 됐으면 좋겠다고 다들 말씀하고 계시죠."

파: "민주당은 한마디로 정리한다면 희생 불가의 상태로 보인다. ……
한 발 물러서서 당비를 내면서까지 지지를 했던 당원들 입장에서 봤을
때는 최근에 벌어졌던 여러 가지 사건을 봤을 때는 더 이상 예전처럼
애정을 가지고 지지할 만한 당이 아닌 것 같다는 결론으로, 정말 결과가
비참한 거죠."

허위 정보 확산에 대한 우려와 정의로운 언론 요청

마: "언론이 문제예요. …… 언론에 나오는 뉴스의 말만 듣고 우리가
격렬하게 살았던 거잖아요. 의심 없이 …… [세월호 참사로] 정말 많은

것들이 변했다고 말해요. 제 인생이 바뀌었어요."

사: "어떤 정책이든지 장기적으로 효과가 나는 게 있고, 단기적으로 효과가 나는 게 있잖아요. 그런 거 상관없이 그냥 단기적으로 안 좋은 결과가 나오면 확대해서 보도하는 경향이 강하고. 두 번째로는 공포심을 조장하는 식의 보도가 많아서 좀 그게 많이 안타깝다고 느끼고 있어요. …… 티비조선이라던지 MBN이라던지 자칭 애국 보수라고는 하지만 편향적인 언론들이 있어서 굉장히 부정적으로 보도한다고 많이 느끼죠."

나: "저는 가짜 뉴스가 퍼지는 부분이 제일 우려가 돼서. …… 완전히 왜곡하는 보수 유튜브들, 일명 많이 문제시되는 가로세로연구소라든지. 그런 사람들은 조금 제재가 돼야 하지 않나. …… 표현의 자유라는 이유 하나만으로 말도 안 되는 것들을 퍼뜨림에도 불구하고 제재가 되지 않는 것에 대해서 제일 불만이 커서. 그런 것들이 좀 이루어져야 하지 않을까."

언론 불신에 대한 대응

마: "3개의 방송사 뉴스를 다 보는 편이고, 인터넷 기사는 제목부터 주관성이 들어간 기사는 배제하고 객관적인 사실만 들어 있는 기사를 주로 읽으려고 합니다. 객관적인 사실들을 읽고 상반된 의견들을 확인한 뒤, 스스로 생각을 정리하는 편입니다."

바: "여러 번 찾아보죠. 여러 개를 찾아보죠. 한 가지 뉴스만 보는 게 아니라. 뉴스를 볼 때도 제일 위에 올라가는 건 조선일보, 중앙일보, 동아일보일 건데. 그거 하나만 찾아보는 게 아니라 다른 언론사 뉴스를 보기도 하고."

아: "일단은 찾아보고. 훈련이 됐다고 해야 하나? 기사를 보면 아무리

왜곡을 해도 이건 이렇게 해서 이렇게 된 건지 훈련이 된 것 같아요. 그리고 카페에서도 보고. 아는 사람들끼리 얘기도 하고."

자: "제가 한 명의 국민으로 할 수 있는 게 그렇게 없더라고요. …… 청와대 유튜브, 대통령님 트윗, K티비 등을 챙겨보고 언론이 왜곡하는 것을 알리려고 노력합니다. …… 카페 글이나 기사 댓글 같은 것으로요. 사람들을 만날 때도 잘못된 정보가 나오면 적극적으로 사실을 알리고 방어합니다."

가: "살다가 처음 하는 행동이 많아졌어요. 살다가 행안부 트윗을 팔로우를 하며. 하다못해 국세청 트위터를, 내가 평생 트윗, 팔로우할 일이 뭐가 있겠어요. 청와대 정도는 이해를 해요. 청와대 정도면 이해를 하는데. … 아마 그런 얘기하시는 분들이 있을 거예요. 내가 살다가 행안부나 국세청 트윗 들여다볼 일이 뭐가 있었는데. 그런데 알고 봤더니 팔로우를 하고 있더라. 보는 게 중요한 게 아니라 내가 팔로우를 누르고 있더라."

차: "이명박이 댓글을 굉장히 중시했다고 알려졌을 정도로 댓글이 여론 형성에서 영향이 크더라고요. …… 언론이 여론을 끌고 가는 걸 막고 싶은 거예요. …… 악플을 끌어내리고 선플을 끌어올리는 것. …… 잘못된 내용을 바로잡으려는 게 더 강해요."

아: "댓글 선점이라는 게 있잖아요. …… 특유의 말투가 있어요. …… 그쪽에서 댓글을 선점해버리면 계속 올라오니까. …… 신고도 하고, 싫어도 하고. 그러다 보면 내리기도 하고."

마: "문재인을 지지하는 사람들이 언론을 어느 정도 이용하기 시작했어요. …… 기사가 그냥 나오지 않아요. …… 우리는 이 사실만 보도되고 나면 다른 프레임으로 끌고 나가기 시작해요. …… 언론이 씌우려는 프레임도 깨고, 언론으로 하여금 독자들의 눈치를 보게 하여 스스로 자정 능력을 가질 수 있게 한다고 생각합니다."

개혁 반대 세력에 대한 인식 및 평가

아: "검찰개혁이 되고 언론개혁이 되고 그래야지. 우리나라에 발전이 있었잖아요. 발전이 있는데 반대로 그쪽은 너무 고고하게 있다 보니까 그게 없이는 더 이상 변화가 힘들다. …… 그런데 그게 참 쉽진 않더라고요, 개혁. 그리고 개혁이 쉽게 된다고는 생각 안 해요. 말이 개혁이라지만 그게 빨리 되지도 않을 거예요."

바: "공수처를 무조건 해야 하는데, 그걸 할 사람이, 그걸 끝까지 할 수 있을 사람이 그때는 조국밖에 없다고 생각했어요. …… 정치적으로 누구한테 빚을 진 사람이 아니기 때문에 본인 정치를 할 수 있거든요. …… 문재인 대통령과 뜻이 같기 때문에, 문재인 대통령이 공수처 때문에 그들을 장관에 임명했다고 생각해서. …… 조국 전 장관이 계속 임기를 거쳐야 …… 공수처도 설립이 되고. 검찰 관련해서도 수사를 할 수 있을 거고."

파: "조국 교수 일가가 당했던 피해에 대해서는 지금도 있어선 안 될 일이라는 스탠스는 변함이 없고요. 다만 조국이라고 하는 인물 자체가 정말 어떤 생각을 가지고 정말 그 일에 임했던가에 대해서는 퀘스천마크가 찍혀 있죠."

아: "윤석열이, 검찰의 수사 방법이 맞다고 생각 안 해요. 그리고 다른 사안에 비해서, 다른 부정 비리에 비해서 강도가 컸고 많은 인력이 투입됐고 누가 봐도 저건 아닌데 싶을 정도로. 검찰에 대해서 신뢰를 안 하니까요."

바: "상대적으로. 그러면 다른 정치인들 자식들, 부정 채용하고 그런 건 왜 이렇게 검찰에서 수사하지 않는 거죠? 오히려 나경원씨가 자기 딸 대학 보내려고 한 게 더 나쁘지 않나요? 그게 오히려 더 잘못된 것 같은데."

문재인 정부 평가

카: "문재인 대통령이 당선된 이후로 언론이 시끄러워졌고요. ……
문제들이 굉장히 많이 불거져 나오기 시작하죠. 조용했던 언론들이 어디
문제 있더라, 이건 안 된다, 시끄럽게 만들죠. 예전에 노무현 대통령
때만 해도 '이 사람 대통령 되니까 나라 꼴 시끄러워서 못 살겠네'라고
했던 분위기로 돌아가고 있는 거죠."

파: "일단 단기적으로는 혼란은 더 있었어요. 원칙이 더 중요한
사람들하고 그렇지 않고 내 삶이 더 중요한 사람들의 가치관이 뚜렷이
충돌했거든요. 그런 면에서 사회 전체적으로 겉으로 나타난 이미지는
조금 더 혼란스러울 수 있다고 말하는 게 맞을 것 같아요. 그런데 거치지
않으면 그 앞으로 갈 수 없는 시대? 거칠 용의가 있고. …… 그래서 내
자식 전에 내가 먼저 그 시대에 발 딛고 있는 게 다행이라고 볼 수 있을
만큼."

파: "당에 소속됐던 행정 수반에 대해서는 별로 크게 신뢰를 안 하고
있고요. 오히려 관료들은 리딩을 제대로 된 방향으로 해주면 끌어갈
능력을 가지고 있다. 그런데 '믿는다' 하고는 다른 것 같아요. (그럼
능력은 신뢰하나 그게 올바른 방향일지는 검토가 필요하다는 건가요?)
네. 그게 수정의 의무다."

사회참여 의지

가: "열려 있는 건 항상 열려 있어요. 그런데 아직도 정치는 나랑
무관하다고 느끼는 분들이 적어도 95프로는 넘으신 것 같아요. ……
우리가 현실 정치라고 느끼기 시작하면 모든 게 현실 정치라고 봐요.
내가 내는 대중교통도 정치를 거쳐서 결정될 것이고. 내가 타는 이
버스가 노선이 바뀌는 것도 결국은 지역구에 있는 모 정치인부터
시작해서 의견 수렴도 하고 예산 배정도 해서 모든 게 정치에서 벗어날

수가 없다고 보는데. 저도 예전에는 이게 정치가 아니라고 생각했어요.
…… 나랑 연관이 없다고 생각할 게 아니라 전부 실생활에 연관이 되는
것들이에요.”

마: “현재가 바뀌지 않다 하더라도 분위기는 만들어가야 한다고
생각하고, 그런 분위기를 만들어나가는 게 옛날에는 언론이었는데,
요즘 언론은 못 믿잖아요. 그러면 시민이든 국민이든 나서서 많이
얘기를 해야죠.”

아: “우리[세대]는 약간 역동적인 시간을 지내왔잖아요. …… 나이는
있지만 우리 세대 특성상 세상이 바뀌는 것에 대해서 큰 거부감 없이
받아들일 수 있거든요. 긍정적인 어떤 시간을 보내봤기 때문에. 그런데
지금 젊은 분들은 뭐랄까 …… 발전에서 침체기를 지나서 그런지
정치에도 너무 비관적이고. 그걸 어떻게 탓할 수는 없죠. 그렇기 때문에
지도자의 방향성이 또 중요한 것 같아요.”

자: “당적을 두고 있으면 국민들 눈치는 보니까요. 결정할 때. 그래서
국민이 문자 활동도 해야 하는 거고. 계속 의견 피력을 하면 뭐 문자
활동으로 우리가 죽니 피해를 입니 하면서도 우리 눈치를 보니까요.”

마: “당원이 되는 건 동아리 들듯이 해야 하는데, 요즘에는 이게 새로운
문화가 되고. …… 저는 그게 우리가 만들고 있는 거라고 생각해요.
당원 활동하고, 돈 내고, 후원하고. 당원 활동을 하면서 내 목소리를 낼
수 있고. …… 할 말이 있는 거죠. 그런 것들로 이제 표현할 수 있는 것!
국민을 무섭게 할 수 있게 표현할 수 있는 것!”

다: “당원이 되길 잘했다고 생각해요. 가입하고 나서 당원 투표
같은 걸 온라인으로 진행하게 되거든요. 거기에서 대선 후보도
투표했던 것 같고요. 가장 최근에도 당에서 이슈 사항에 대해서 당원
투표를 진행하게 되는데, 제 의견을 표시할 수 있다는 것. …… 이런
방식으로라도 의견을 표시할 수 있다는 게 좀 괜찮은 것 같아요.”

지속되면서도 변화하는 인물 지지 정치

카: "어떻게 보면 하나의 트라우마로 이어져 있기도 하고. 그리고 학습
활동. 예전에는 언론이 한번 얘기하면 의심할 생각을 안 했잖아요.
지금은 언론이 얘기를 해도 일단 사실인지를 믿을 수가 없어서 앞뒤를
까보잖아요. 저는 그걸 명확하게 느끼거든요. …… 문재인이라면
믿을 수 있다고 하는 사람들도 있고. …… 저는 정치적 공세로 인한
레임덕을 많이 만들어냈다고 생각해요. …… 일단 첫 번째로 언론
환경이 이전보다 깨끗해지면은 레임덕은 줄어든다고 보고요. 정치
보복이라던가 프레임 정치, 대결 정치…… 그런 구도의 정치가 없어지고
제삼자에 대한 건설적인 이해가 서로 되는 정치가 된다면 그때도
레임덕이 좀 줄겠다는 거죠."

마: "그러니까 우리는 우리를 지칭하거나 그러지 않았어요. 왜냐하면
우리는 지도부도 없고, 우리를 움직이는 세력이 없어요. 굳이 이름을
만들고 용어를 만들어서 우리를 지칭할 필요가 없어요. 그러니까
우리는 전혀 생각하지 않는데, 우리를 묶어서 얘기하는 사람들이 있죠.
그 사람들은 필요하잖아요. 예를 들어서 '지지자들이 시위했습니다!'
이러기에는 뭔가 그렇잖아요? 그래서 그렇게 만들기 시작한 게
언론. 그리고 우리 상대편에 있는 사람들. 그런 사람들이 만들어주고
있더라고요."

카: "노사모, 그러니까 노무현 대통령님 세대는 조직이
오프라인이었고, 대면이었고, 어떤 공간에 모여서 하는 행동들. ……
서울, 경부, 인천, 이런 식으로 전국으로 나눠서 단위별 지부가 있고.
…… 몇 명의 사람들이 구심점이 돼서 끌어온 단체라고 생각을 해요.
…… 지난 시대처럼 내가 무엇인가를 해주면 무언가를 받아야 한다고
하는 관계에선 안녕을 고해야겠죠."

타: "노사모에서 정치하겠다고 해서 노무현 대통령 배신하고 정동영
쪽에 붙어서 결국 노무현 대통령 돌아가시게 했던 노사모분들 많잖아요.
그걸 본받지 말자는 거죠. …… 그걸 통해서 내 스스로의 정치를

도모한다거나 징검다리로 카페를 이용하고 그것 때문에 대통령 얼굴에 먹칠을 하고 언론상에 오르내리고 이런 짓거리는 제발 우리는 하지 말자."

자: "우리는 그런 데 관심이 없어요. 그러니까 내가 문파를 해서 지지를 해서 자리를 얻겠다, 이런 사람은 한 명도 못 봤어요. 그게 주된 차이라고 저는 생각해요."

가: "문재인 대통령님을 지지하는 분들은 조직이라는 게 없어요. …… 지금은 철저하게 개인 문화예요. 자기 집에서 자기 폰으로 좋아하는 사진. 기사 퍼다 나르는 정도의 정말 그러니까 단체 소속감이라기보다는 개인적인 그런 활동이 많은 형태로 바뀌었고, 틀림없이. 개개인이 워낙에 개성이 강하고 어디 속박되고 구속되는 걸 굉장히들 싫어해요."

파: "노무현 대통령이 하신 말씀 중에 '민주주의의 최후의 보루는 깨어 있는 시민들의 조직화된 힘이다' 거기서 말하는 게 시민단체나 어떤 조직화된 게 아니라, 이런 것들을 정치를 바르게 보려고 하고, 내 삶을 바꿔나갈 수 있다고 생각하는 사람들, 정치에 눈을 돌리지 않는, 그러니까 시민! 시민의 수가 늘어나는 거라고 생각해요. 그래서 집단을 짓거나[만들거나] 단체행동을 하기보다는 내 목소리를 지킬 수 있는 공간을 지키려고 하는 편입니다.

가: "어떤 정치적인 발언을 공식적으로 발표한다거나 그런 행위는 옛날 노사모 시절에나 가능한 거. …… 지금의 팬카페는 사실 놀이터라는 개념이에요. 놀이터에서 그냥 놀다가 가는 분. 놀러 나온 분들이 보시는 어떤 정치적인 공식적인 목소리를 낼 것이며. 그건 많지 않다고 보고…… 시간이 지나면 팬카페 형태는 그냥 SNS 형태로 바뀔 거예요. 더 구속되기 싫어하는 세대들이 크고 있기 때문에. 뭘 어디에 가입해야 되고, 이런 건 더 기피할 거예요."

가: "과거에 정치 활동은 '남자들만 하는 것' 정도의 인식이 있었어요. 그런데 지금은 미디어나 SNS가 발달해서도 더 상황이 바뀌긴 했는데

…… 정치에 참여하는 비율이 압도적으로 여성이 많아요. …… 나라를 바꾸고 정치를 바꾸는 게 젊은 여성들이 예전에 비해서 하나의 축이 됐다는 자부심도 많이 가지시는 것 같기도 하고. 예전에는 그런 지표들이 사실 언론에 잘 안 나왔었죠. …… 저도 인정을 하는 게 여성분들 촉이 남자들보다는 훨씬 더 정확하고 빨라요."

네트워크 기반 정치의 개인화

🈁: "팬카페가 하는 일이 뭔가요? 저는 잘 몰라요. 문재인 대통령 성향 자체가 사사건건 글을 올리는 사람이 아니잖아요. …… [팬카페를] 싫어하진 않고 왜 해야 하는지를 모르겠어요. 제 성향인 것 같기도 해요."

🈁: "오히려 까칠한 곳에서 지적해주기도 하고…… 차라리 그게 낫다고 보기 때문에. 정답인진 모르겠어요. 정답이라고 생각하진 않아요. …… 거기도 언제 어떻게 변할지 모른다. 거기가 내 소속감을 나타내진 않는다고 생각을 해요. 현실 세계는 너무 정치에 차갑고, 거긴 너무 뜨거워요. 그러면 난 현실을 사는 사람인데. 어디 한 군데 내 소속을 줘버리면 오히려 그때부터 편향성이 발생하겠죠."

🈁: "사람들이 뭘 주도한다고 해서 모든 사람이 가진 않거든요. 말했다시피 우리는 굉장히 산발적이에요. 우리는 하고 싶은 대로 해요. '괜찮은 것 같네?' 하면 같이했다가, '아닌데? 혼자 갈 거야' 이러고. 그러니 얘기만 듣는 정도죠."

🈁: "지지자들은 어떤 판이 생길 때 굉장히 격동적일 때가 많아요. 지지를 하면서도 서로 의견이 조금 사이사이에서 다를 수가 있거든요. …… 세세한 의견이 다르고 충돌이 있을 수 있지만. 가는 건 또 순전히 자기 마음인 거죠."

가: "워낙 활동을 광범위하게 하기 때문에. …… 본진이라는 개념이 그래서 나와요. 주로 활동하는 내 본진은 어디다. 그렇지만 다른 데서도 활동을 한다. 한 군데서 활동을 하는 경우는 거의 없을 거예요. …… 굉장히 파급력이 빠르죠. 특히 큰 선거 앞두고는. …… 리트윗 기능이 워낙 순식간이래서 소식 전파가 정말 몇 분도 안 걸리잖아요.

아: "[조직이 없어도] 의견이 모아져요. 빠르게 의견과 화력이 모아지니까. 어떻게 보면 서로에 대한 믿음도 있는 것 같아요. 모르는 사람이지만."

가: "'한줌 문파'라는 건 모래알이에요. 모래알은 무지 많이 존재하는데 뭉치지는 않는다는 뜻이에요. …… 오죽하면 눈에 보이는 실체가 없는 조직이라는 얘기가 나오는 게 인원수는 있어 보이고 어디서든 생각을 공유하는 것 같은데 구체적으로 찾으려면 안 보인단 말이에요."

마: "언론 댓글들이라든가 …… 아! 만약에 촛불시위 나갈 때도 누가 어디서 무엇을 하는지 공지가 나오잖아요. …… 온 사람들의 규모가 굉장히 크잖아요. 그런 걸 봤을 때나. 굉장히 큰 이슈가 되는 뉴스나 댓글, 아니면 여론조사! …… 문재인 지지율 …… 그런 걸 봤을 때 비슷한 사람들이 많나보구나 느끼는 거죠. (직접적으로 확인하는 건 아니군요?) 모르죠! 저조차도 얘기를 안 하고 다니니까요. 오히려 저는 욕하는 사람들을 더 많이 봐요. …… 저도 '우리', '우리' 하는데 …… 저도 잘 모르겠어요. 누가 저와 함께해주는지."

지지자들에 대한 반응 재평가

가: "최초는 문재인 지지자들을 비하하는 의미에서 당 대표 시절에 나온 게 대표적으로 문빠였죠. …… 문빠라는 단어가 사실 거칠기 때문에 풍자에서 나온 변칙어예요. 문빠랑 문파랑 발음이 비슷한 거잖아요. 너희들이 말하는 문빠는 굉장히 천박한 표현이고

우리는 문재인 대통령의 '문' 자를 써서 '문재인 대통령을 지지하는
문파다'라고 역설적으로 풍자한 거예요. 그래서 문빠라는 용어 대신에
문파를 우리가 쓰게 된 거죠."

타: "이전에는 '달레반'. …… 탈레반에 빗대어서 문재인 강성 지지자를
'달레반'이라고 했어요. …… 기분 나쁠 것이 있습니까? …… 걔네들이
우리 놀리려고 쓴 거잖아요. …… 동의하고 안 하고가 아니라 '어.
달레반? 오케이! 그럼 거기서부터 나 달레반이 되어주겠어' 그럼 되는
거잖아요. …… 내가 문재인 좋아하는 게 중요한 거지, 남들이 어떻게
생각하는지 중요하지 않아요."

파: "송영길 당 대표 입에서 나온 '대깨문'이라는 표현은 굉장히
충격적인 말이었어요. 자당의 당원들이고 자당을 지지하는 사람들인데.
…… 적을 특정해서 묶어놔야 상대하기 쉽기 때문에 그런 프레임을
짠다고 보고 있고요. 예를 들어서 지지하는 사람들끼리 '나 대깨문이야,
인마' 그러면 괜찮아요. 그럴 수 있어요. 하지만 내가 지키려는 조직의
수장 자체가 그런 사람들을 문제로 생각하면서 '대깨문'이라고
표현한다면 그때부터 다른 이야기가 되는 거겠죠. 당 차원에서 문재인
대통령 지지자들을 강성 이미지로 만드는 것에 의도를 느끼고."

카: "'대깨문'은 무조건 이성이 마비돼서 이렇게 하는 사람이라고
보는 논리를 전개하는 것 자체가 어떻게 보면 한 단면만 보고서는 ……
호도한다고 해야 되나, 왜곡한다고 해야 되나. 덮어버리는 거죠. 하나로
싸버리는데 '대깨문'도 까보면 여러 종류가 있는 거죠. 그걸 갖다가
이성이 마비된 사람이라고 얘기하는 것도 잘못된 거고. 그렇게 된
책임은 지들도 있는 거고. 지들이 뭐 합리적으로 대통령을 공격했으면
'대깨문'이 생겨나지 않았을 거고 ……"

아: "온라인으로 가입했던 권리당원들이 거의 100프로 문재인 대표
시절에 들어간 거거든요. 그런데 그래서 제명시키고 싶어 하죠. 그리고
이해찬이 권리당원들의 표를 확 줄여버렸어요. 권리당원도 아니고
당원도 아니고 외부 사람들이 당 대표를 뽑을 수 있게. …… 지금

권리당원들은 과격하다, 그걸 부각시키고 싶어 하는. …… 욕을 하는 사람들도 있겠지만 안 하는 사람들이 더 많거든요? …… 과격 지지자 말이 계속 생산되잖아요."

아: "사실 숫자에 얼마나 민감해요. 아무리 언론에서 욕을 하든 왜곡을 하든 어쨌든 지지는 40프로 넘게 나오니까요. 그게 사실은 대통령에 대해서도 그런 위기가 나오기 힘들잖아요. 그런데 그걸 기반으로 그나마 그래서 덜 물어뜯는 거겠죠. 지금도 물론 물어뜯고 있지만. 그러니까 '오소리'라고 부르는 거죠. 느껴도 그냥 어쨌든 다시 일어나서."

마: "다양한 시점이 있지 않을까요? 꼭 긍정적으로만 평가하지 않겠죠. 개인의 차이가 큰 것 같은데. 왜냐하면 정치를 참여해야 하고 관심을 가져야 한다고 학교에서는 가르치지만 방법들에 대해서 구체적으로 제시하는 건 선거밖에 없잖아요, 교과서에서도. …… 여러 사람이 박근혜 시절을 지내오면서 여러 참여 방법에 대해서 스스로 생각하고 만들어낸 거고. 그런 것들에 대해서는 누군가 가르쳐주지 않았으니 당연히 알지 못하는 사람들 입장에서는 '왜 저렇게까지?' 생각이 드는 거고. 누가 이렇게 하나의 교과서로 만들어준 게 아니잖아요. 그런 상황에서는 다양한 평가가 있겠죠, 무조건 긍정적으로 바라보는 게 아니라."

촛불집회 참여

카: "지금은 예전에 비해서 투표 말고도 …… 국민들이 할 수 있는 거는 표현하고 판단하는 거. 자기표현을 잘 적극적으로 하는 게 좋은 거 같아요. 댓글도 그렇기는 한데, 일단은 촛불도 자기표현이고요."

파: "박근혜 퇴진 촉구 촛불집회 때는 아이도 봐야 한다는 생각 때문에 가족과 같이 나갔고요. 그 밖에는 모든 그런 순간에 위험할 수 있는 곳에는 가급적 혼자 다니려고 했습니다. 위험할 수도 있고. 정치적

신념은 개인의 것이기 때문에 누구에게 말할 게 못 되거든요. 아, 말은 하지만 강요는 못하죠.

차: 완전히 혼자라고 볼 수가 없는 게, 카페 정보가 올라오면 나갔거든요. 직접적으로 만나는 사람은 없지만 카페 자유게시판 보면 "저 여기 있는데 사람 많네요", "이쪽으로 오면 뭐가 있어요" 이런 식으로. 딱 한 번은 플래카드 뿌리러 같이 나간 적도 있었고요. … 그거 말고는 나머지는 다 혼자 다녔어요.

쟁투와 갈등

아: "요즘은 정치 얘기도 온라인에서 오가다 보니까. 카페에서도 먹힌다는 게 굉장히 큰일이니까요. …… 틈새 틈새 들어오는 반대쪽 분란자들 있잖아요."

가: "윤석열을 뽑겠다는 게 아니에요. …… 이재명 후보를 뽑지 않겠다는 거랑 윤석열을 뽑겠다는 건 전혀 다른 문제예요. …… 절차적으로 정당하지 않고 어떤 개인적인 이슈나 도덕적인 면이나 모든 면에서 대통령 후보로 부적합한 사람을 지지하지 않겠다는 것이지. 이게 곧 정권을 잃어버려도 상관없을 만큼 나는 민주당이 엉망이 돼도 상관이 없다는 것하고 전혀 다른 문제이고. 그렇다면 원하는 게 뭐냐? 저런 부도덕하고 부족한 후보를 왜 고집하느냐. …… 어떤 방법을 통하든 후보를 교체하시라. 백전백패다. …… 후보자 교체가 절실하죠 …… 사당화된, 원사이드화된 민주당이 앞으로 있을 총선 전까지는 그래도 다수당이기 때문에 이 당이[이후에 당선될] 대통령하고 짬짜미가 돼서 무슨 짓을 할지. …… 지금 양쪽[양당]의 후보는 둘 다 돼선 안 되는 사람들이에요. …… 어떤 사람이 되더라도 저는 별반 다르지 않다고 봐요."

문재인 지지의 의미

마: "저는 변했어요. …… 처음에는 박근혜 정치, 그때는 확실히 문재인 대통령 한 사람을 바라보고 '이 시국에서는 문재인 대통령밖에 없다'는 생각으로 지지했는데, 여러 가지가 좀 바뀌었잖아요. 문재인 대통령이 되고. 기본적인 마음은 있어요. 이 사람을 지켜야 하고, 이 사람을 지지하고, 그렇기 때문에 내가 국회, 더불어민주당을 감시해야 한다는 생각. 그리고 내가 목소리를 내야 한다는 생각은 있는데. …… 지금에 와서 '내가 과연 문재인 대통령을 위해서 했던 행동인가?'라는 생각을 가만히 해보니까 문재인 대통령을 위해서 한 행동이 아니라 그게 옳다고 생각해서 했던 행동이에요. 변화한 거죠. …… 저는 그냥 자연스럽게 흘러가고 있는 거예요. 변화하고 있고! 문재인 지지자에서 문재인만을 바라보고 지지해온 게 아니라, 문재인 지지자로서 여러 가지를 하려고 하다 보니 아는 것들이 많아지고 어떤 흐름에서 '이게 맞는 것 같은데'라는 생각을 한 거고. 그래서 그것에 맞춰서 움직이고 있었던 거죠! 그게 무조건 다 처음부터 끝까지 문재인을 위해서? 그건 아니에요. 하다 보니 문재인 대통령 정부가, 문재인 대통령과 맞아서, 아마 가치관이 맞아서 그런 게 아닐까? …… 그렇게 흘러가다 보니 문재인 대통령이 좋고 지지하는 거지, 요즘 하는 것들은 문재인 대통령을 지켜주기 위해서 똘똘 뭉쳐서 하는 건 없었던 것 같아요."

'팬덤 정치'라는 낙인

초판 1쇄 펴낸날 2023년 3월 7일
지은이 조은혜
펴낸이 박재영
편집 이정신·임세현·한의영
마케팅 신연경
디자인 조하늘
제작 제이오
펴낸곳 도서출판 오월의봄
주소 경기도 파주시 회동길 363-15 201호
등록 제406-2010-000111호
전화 070-7704-5240
팩스 0505-300-0518
이메일 maybook05@naver.com
트위터 @oohbom
블로그 blog.naver.com/maybook05
페이스북 facebook.com/maybook05
인스타그램 instagram.com/maybooks_05

ISBN 979-11-6873-051-9 03300

이 책 내용의 전부 또는 일부를 이용하려면 반드시 저작권자와 도서출판 오월의봄에
서면 동의를 받아야 합니다.

책값은 뒤표지에 있습니다. 잘못된 책은 바꾸어 드립니다.

만든 사람들
책임편집 임세현
디자인 조하늘